ИССЛЕДОВАНИЕ СОВРЕМЕННЫХ РУССКОЯЗЫЧНЫХ КОРЕЙЦЕВ 11

Корейцы Западной Сибири и Урала в 1990-е - 2010-е гг.

Закирова Елена Ниязовна

Кандидат исторических наук
Доцент Высшей психолого-педагогической школы Гуманитарного института
Югорского государственного университета

Бойко Владимир Сергеевич

Доктор исторических наук
Профессор Алтайского государственного университета
Директор по науке Азиатского экспертно-аналитического центра

ИССЛЕДОВАНИЕ СОВРЕМЕННЫХ РУССКОЯЗЫЧНЫХ КОРЕЙЦЕВ 11

Корейцы Западной Сибири и Урала в 1990-е - 2010-е гг.

First published 2022. 2. 18.

First paperback edition 2022. 2. 25.

Author	Закирова Елена Ниязовна · Бойко Владимир Сергеевич
Publisher	Yoon Gwanbaek
Publishing House	도서출판 선인

Business registration number # 5-77 (1998.11.4)

Address	1, Nambusunhwan-ro 48-gil, Yangcheon-gu, Seoul, Republic of Korea
Phone	+82-2-718-6252/6257
Fax	+82-2-718-6253
E-mail	sunin72@chol.com

₩ 34,000

ISBN 979-11-6068-687-6 94900
ISBN 979-11-6068-676-0 (set number)

This work was supported by the Program for studies of Koreans abroad through the Ministry of Education of the Republic of Korea and Korean Studies Promotion Service of the Academy of Korean Studies (AKS-2016-SRK-1230003)

Корейский институт международных отношений университета Донгук Исследовательские книг 18
Центр исследований человека и будущего университета Донгук Исследовательские книг 16

ИССЛЕДОВАНИЕ СОВРЕМЕННЫХ РУССКОЯЗЫЧНЫХ КОРЕЙЦЕВ 11

Корейцы Западной Сибири и Урала в 1990-е - 2010-е гг.

Закирова Елена Ниязовна · Бойко Владимир Сергеевич

Предисловие

Настоящее исследование – результат трёхлетней работы, проведённой при поддержке Академии корееведения, в 2016 г. утвердившей данный проект в рамках секции «Планирование исследований в отдельных областях корееведения. Исследования зарубежных корейцев». В данной работе была предпринята попытка всесторонне рассмотреть, где и как живут корейцы России и стран Центральной Азии.

Более 160 лет назад корейцы, спасаясь от бедности и произвола местных чиновников, стали переселяться в приморские области России, переходя через реку Туманган (Туманная). Ныне живущие корёины (корё-сарам) – потомки этих переселенцев в четвёртом, пятом и даже шестом и седьмом поколениях. Первыми через Туманган переправились всего 13 дворов, чуть больше сорока человек, сейчас же диаспора корёинов насчитывает более 500 тысяч человек.

Сообщество корёинов, сформировавшее собственную идентичность как граждан Советского Союза, после распада СССР столкнулось с масштабным кризисом, когда страна оказалась разделена на 15 государств, а бывшие граждане СССР стали гражданами России, Казахстана, Узбекистана и так далее. Условия жизни в процессе перехода от социалистического общественного уклада к капиталистическому значительно изменились. Корёинам необходимо было приспособиться к новым реалиям независимых государств и изменившегося общества. Распад СССР породил масштабную этническую миграцию. Корёины оставляли позади колхозы и городские предприятия, с которыми привыкли себя ассоциировать, и отправлялись на поиски новой жизни.

Это было тяжёлое для всех время. Россия, страна-приемник распавшегося Советского Союза, вскоре объявила технический дефолт, российская экономика оказалась в затяжной рецессии. В независимых странах Центральной Азии начала подниматься волна национализма. Это время особенно тяжелым стало для корёинов, которые не были исконными жителями этих земель. Холодная война закончилась, но её влияние всё ещё ощущалось, поэтому рассчитывать на достаточную помощь от исторической родины также не приходилось.

Но перемены и трудности могут открывать и новые возможности. К тому же у корёинов был опыт принудительного переселения, тягости которого они смогли с достоинством преодолеть. С течением времени корёины постепенно стали находить своё место в России и странах Центральной Азии, начали проявлять себя во всех сферах общественной жизни. Они смогли войти в политические круги и занять официальные посты, приспособиться к капиталистической системе и показать впечатляющие экономические результаты силами собственных навыков и умений. Больших успехов достигли корёины и в сферах культуры и искусства, среди них появились выдающиеся олимпийские чемпионы, призёры кубков мира. Как и во времена Советского Союза, появлялись среди корёинов и уважаемые в академическом сообществе учёные. Эти люди создавали многочисленные ассоциации, общества сохранения национальной культуры и смогли утвердить новую идентичность корёинов как одного из этнических меньшинств России и стран Центральной Азии.

Данная серия научных работ является результатом исследования, посвящённого выдающимся корёинам современной России и стран Центральной Азии. Исследование отвечает на вопросы, кем являются эти люди, возглавляющие национальную диаспору корёинов, где и в каких сферах они активны, какое будущее ждёт корёинов.

Для всестороннего изучения современного положения корёинов это сообщество было разделено на географические и поколенческие группы со своими характерными признаками.

Географически корёины были разделены на 8 основных групп:

Пристанище для уехавших из Центральной Азии:

Сибирь;

В поисках новой жизни: Юг России;

Место принудительной мобилизации: Сахалин;

Принудительное переселение (1): Казахстан;

Принудительное переселение (2): Узбекистан;

Вновь переселившиеся: корёины Республики Корея, Европы и Америки.

Поколенчески корёины были разделены на следующие 3 категории:

– ушедшие на покой старейшины: старшее поколение;

– активные деятели: среднее поколение;

– будущее корёинов: подрастающее поколение.

Используя указанную выше классификацию, мы разделили результаты трёхлетнего исследования на 8 частей, по одной на каждый географический регион. Из них 7 частей были написаны в России и были переведены на корейский язык для корейских исследователей и организаций, интересующихся историей корёинов.

Все 8 частей исследования, насколько это возможно, придерживаются единой методологии и структуры изложения; однако, несмотря на общую форму, у каждой части есть свои особенности, связанные с различиями в описываемых регионах и территориальном распределении корёинов, характере изложения материала конкретными исследовательскими группами.

Целью проектной группы было с помощью данной серии

научных работ установить более точное понимание идентичности корёинов, внести вклад в улучшение взаимопонимания между корейцами Республики Корея и корёинами, в развитие связей между Кореей и Россией, странами Центральной Азии. Именно поэтому целью проекта стали изучение, классификация и описание различных сторон жизни корёинов.

При реализации поставленных задач участники проекта столкнулись с трудностями, связанными с неоднородностью групп корёинов, расселённых в разных географических регионах с различным историко-культурным, политическим и экономическим контекстом, и постоянно находящихся в движении.

Несмотря на эти трудности, основные задачи проекта были успешно выполнены. Ответственность за возможные недочёты публикации данной серии исследований – неполноту содержания, неточности материалов и ошибки при переводе – лежит на исследовательской группе и особенно на руководителе группы. Авторский коллектив будет благодарен за критические замечания.

Руководитель исследовательского проекта.

Февраль 2022 г.
Руководитель исследования

Содержание

Корейцы Западной Сибири и Урала в 1990-е - 2010-е гг

Введение

В современной науке, изучающей миграционные процессы, одним из ведущих направлений стали вопросы, касающиеся этнических миграций, истории и культуры отдельных этнических общностей, диаспор, их интеграции и адаптации в принимающем обществе, вопросы межэтнического взаимодействия и т.д. Это связано, прежде всего, с возрастающим значением этнического фактора и соответствующими социальными и этносоциальными изменениями, происходящими в современном российском обществе.

В исследованиях конца XX в. основное внимание уделялось демографическим и экономическим изменениям, происходящим под влиянием миграций. Однако, на сегодняшний день, исследователи ставят вопрос об их воздействии на жизнь общества гораздо шире, так как перемещение населения вносит значительные изменения не только в жизнь самих мигрантов, но и имеет крупные социальные и культурные последствия для тех регионов, куда они направляются.

Появившись на территории России - 150 лет назад, пережив вместе со страной смену политических режимов, революционные потрясения, войны, террор и гонения «коре сарам» стали заметной ее частью, и конечно, оказали значительное влияние на (советское) российское общество, что не может остаться без внимания со стороны исследователей разных областей науки.

Усиление интереса к вопросам жизни и деятельности представителей корейской общности на территории России связано с празднованием 150-летия со дня добровольного переселения на территорию России (2014 г.) и 80-летием депортации корейского населения в Среднюю Азию и Казахстан (2017 г.).

В данном исследовании перед нами поставлена задача проследить изменения происходящие в среде «коре сарам» разных поколений, и определить их роль в многонациональном сообществе России.

Несмотря на то, что в настоящее время потомки «коре сарам» представляют 4-5 поколение и подрастает 6-7 поколение переселившихся 150 лет назад на территорию Российской империи, мы выделим три поколения.

Старшее поколение (Сонбэ) «дети войны», это в

основном люди, родившиеся в 1940-1950-е гг. Это поколение можно назвать «детьми войны», так как практически все они в детстве испытали трудности, связанные с войной и послевоенными лишениями. Лишь с 50-х гг. XX в. их жизнь входит в мирное русло экономического и культурного развития общества. Однако, начавшаяся, в 80-х гг. XX в. Перестройка, и распад СССР в 1991 г, привели к слому моральных, культурных, социальных установок и смене экономического устройства. Что проявилось в настроениях старшего поколения в симпатии к советскому прошлому, и к идее восстановления союзных отношений. Большую роль в мотивации этого поколения играет ностальгия, возможность прошлое и настоящее. Кроме того, это поколение имеет большее число родственных связей в других бывших советских республиках в сравнении с младшими поколениями. Люди этого поколения являются лидерами в корейском сообществе, основой общества, так как сохранили знание и значение для повседневного существования корейского языка, стереотипов внутрисемейных и общественных норм поведения и активно используют его в обыденной жизни. Кроме того, они имеют более сильную национальную идентичность.

Среднее или зрелое поколение (Кисон) «дети

перестройки», которое, на сегодняшний день является наиболее активным и играет ключевую роль в современном российском обществе и формирует представления о корейцах. Это люди, родившиеся в середине 60-х-80-х гг. XX в. Обобщенно, это поколение можно назвать «детьми перестройки», так как их первичная социализация проходила в перестроечный период. Они воспитывались в духе советских моральных норм, но к моменту вступления в активный общественный возраст, оказались вынуждены жить в новых условиях. По сравнению со старшим среднее поколение либо совсем не знает языка, либо знает на уровне просторечия и в основе их деятельности лежит не стремление сохранения культуры и традиций, а улучшение качества жизни. И связано это с тем, что в процессе этнической идентичности у среднего поколения сложилась совсем другая культурная установка, так как реальной востребованности такого определяющий элемента этнической традиции, как язык - не было. В силу этого в сознании среднего поколения, уже на ранних этапах социализации складывалась двойственная картина национально-культурной идентичности.

Эта точка зрения разделяется и **младшим (молодым или новым) поколением (Синджин)**, родившихся во второй половине 80-х - 90-х гг. XX в. Сознательная жизнь этого поколения проходит в условиях новой России, так как они вступили в полноценную социальную, экономическую и политическую жизнь примерно с 2010 г., и с каждым годом доля этой возрастной группы будет только расти, а потому возрастает и ее влияние на общественные процессы в России.

Воспитываясь в рамках правил и норм, соответствующих представлениям о корейском стиле жизни (почитание старших, сдержанность, уважение к знаниям и т.п.), молодежь, оторвавшись от семьи, сталкивается с другим образом жизни, где реалии их семейных норм становятся не актуальными. Новое поколение, которое является будущим «корё сарам» и будет определять направление движения корейского сообщества в будущем, сейчас сталкивается со сложностью этнической идентификации из-за разрыва связи поколений, и поэтому представители нового поколения не могут в полной мере ощущать себя корейцами.

Поколения конструируют свою идентичность в зависимости от политических реалий времени их социализации, от нужности тех или иных культурных характеристик в конкретном обществе. Правильное определение элементов в преемственности поколений, даст возможность по новому раскрыть историю корейской общности в России, которая охватит прошлое, настоящее и будущее.

Россия это многонациональное государство, в которой объединены различные национальные общности, находящиеся в сложной взаимосвязи и взаимопроникновении друг с другом, привычными для которых, стали постоянные межэтнические контакты и культурные обмены. В сложившихся условиях особую актуальность приобретает понимание особенностей социальной идентичности представителей различных этнических групп, определяющей поведение, уровень притязания личности, характер социальных отношений и др. На формирование социальной идентичности и развитие личности в целом большое влияние оказывает этническая среда, в рамках которой проходит ее жизнедеятельность и социализация.

В последнее время особую значимость приобрели исследования этнической (национально-культурной) идентичности, которая представляет собой эмоциональное осознание своей принадлежности к определенной этнической общности. Такой интерес связан с тем, что именно этот компонент социальной идентичности подвергается наиболее значимой перестройке в условиях социальных преобразований, потрясений и интенсификации межэтнических контактов. Этническая идентичность свойственна для представителей всех этнических групп России, что подтверждается многочисленными исследованиями в области межэтнических взаимодействий. Представители этнических сообществ идентифицируют себя по определенным индикаторам. Это, как правило, такие объективные признаки этничности, как язык, культура, этническое происхождение, родная земля, государство, вера, любовь к своему народу, стране. В основе этнической идентичности и межэтнических установок лежит дихотомия «мы – они», которая определяет диалектику внутриэтнической консолидации и межэтнической интеграции в условиях взаимодействия этносов.

Всплеск национального самосознания, самоопределения, этнической идентификации народов России, начавшийся в конце XX века, государственные программы, направленные на сохранение малочисленных народов, их языка и культуры оказали большое влияние на трансформацию этнической идентичности представителей этих этносов.

В процессе формирования этнической идентичности на разных этапах ее становления, происходит оценка самого себя, возникают переживания в связи с осознанием собственных этнопсихологических особенностей, связанных с постоянным соотнесением своих взглядов, установок, ценностей с требованиями и нормами той этнической общности, к которой личность себя причисляет.

Проблема формирования идентичности российских корейцев стала одной из основных задач в исследованиях последних лет, в рамках изучения корейской общности, называющей себя «корё сарам» или «корёин».

Для выявления особенностей национально-культурной идентичности, необходимы глубокие исследования с применением комплекса взаимосвязанных и дополняющих друг друга методов исследования: теоретический анализ научной литературы, документов, периодической печати по проблеме исследования; методы сбора эмпирических данных (анкетирование, опрос); социологические; социометрические; анализ статистических данных. Эти методы позволяют исследователям получить сведения об особенно актуальных вопросах корейской общности (возрождение культуры и языка, события в жизни корейцев в регионах России и за рубежом, деятельность государства и неправительственных организаций, влияющих на жизнь корейской диаспоры, деятельность национально-культурных объединений и т.д.). Сведения о численности, знании языка, половозрастном составе, образовании и основных сферах занятости корейцев содержатся в разнообразных статистических источниках, в том числе и материалах переписей населения. Большой пласт информации содержится в источниках личного происхождения (воспоминания, интервью, фотографиях др.).

Кроме того, необходимо помнить, что важным фактором, влияющим на этническую идентичность, является не только история и память о прошлом, но и формирование этнических групп, и распределение их на определенной территории, (численность, плотность расселения и др.)

Данная работа базируется на материалах, собранных на территории Западной Сибири и Урала, имеющих непосредственное отношение к историко-культурным реалиям указанных округов в их современных административно - территориальных границах.

Об историко-культурных процессах, проходивших в корейской общности Сибири, в контексте российской истории и оценки ее места и роли в социально-экономическом и культурном развитии регионов можно говорить, опираясь на результаты социальной адаптации корейцев и способы их самоорганизации и профессиональной реализации в регионе.

В исследование включаются данные опросов, наблюдений, акты, семейно-исторические документы и др. Биографический метод, в центре которого находится процесс включения индивида в социум и приобретаемый при этом человеком жизненный опыт, использовавшийся в работе, позволяет оценить способы измерения и оценки жизненно - исторических свидетельств, предоставленных респондентами.

Одной из основных задач данного исследования является изучение корейской общности, называющих себя «корё сарам» или «корёин», проживающей в Западной Сибири и Урале (Уральский федеральной округ (УрФО) и Сибирский федеральный округ (СФО)) в постсоветский период и иллюстрация современного образа «корё сарам», основанная на документах общественных организаций, статистических источниках, и периодической печати, где можно почерпнуть сведения об особенно актуальных вопросах корейской общности (возрождение культуры и языка, события в жизни корейцев в регионах России и за рубежом, деятельность государства и неправительственных организаций, влияющих на жизнь корейской диаспоры, деятельность национально-культурных объединений и т.д.). Сведения о численности, знании языка, половозрастном составе, образовании и основных сферах занятости корейцев региона содержатся в разнообразных статистических источниках, в том числе и материалах переписей населения. Большой пласт информации о выдающихся личностях содержится в источниках личного происхождения (воспоминания, интервью, фотографии), документах общественных организаций и др.

Всесторонние исследования этнической идентичности позволяют решать задачи социально-культурного характера, связанные с сохранением этноса как культурного феномена и задачи развития и формирования личности представителей этнических групп, от которой во многом зависит реализация личностного потенциала и успешность адаптации к стремительно изменяющимся социальным условиям.

С сожалением следует отметить, что в рамках данной работы не удалось собрать полные сведения о каждой выдающейся личности. Есть сведения личного характера, есть – профессионального. Кроме того, не всех удалось охватить, так как некоторые отказываются предоставлять личные данные в силу разных обстоятельств. Много информации о представителях корейской общности, в открытом доступе на просторах Internet, но эти сведения не полные

Глава 1
Западная Сибирь и Урал

Россия это многонациональное государство, на территории которого по переписи 2010 г. проживает более 200 национальностей (этнических групп), в число которых входят не только коренные малые и автохтонные народы страны.

1. Западная Сибирь

Западная Сибирь - часть Сибири между Уралом и долиной Енисея, простирается с юга на север от степей Казахстана и гор Алтая до Карского моря и его заливов.

Один из 12 экономических районов, исключительно важный для Российской Федерации регион, состоит из 9

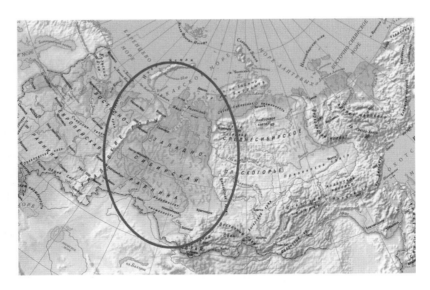

субъектов Федерации: Тюменская область, Омская область, Новосибирская область, Томская область, Алтайский край, Кемеровская область, Республика Алтай.

В Западной Сибири находятся крупнейшие в стране нефтегазоносные провинции, самые плодородные в Сибири земли, важные центры металлургической и химической промышленности. Западная Сибирь была присоединена к Российскому государству и освоена русскими в XVI-XVII веках.

Площадь Западной Сибири 2 млн. 454,1 тыс. км², 14% площади всей страны. Население 14,6 млн человек (на 1.1.2010), т.е. 10,3% населения России.[1]

---

1) Западная Сибирь [Электронный ресурс] URL: https://ru.wikipedia.org/wiki/Западная_Сибирь Дата обращения 17.11.2019

2. Урал

Урал - регион между Европейской частью России и Западной Сибирью. Располагается в Уральских горах и их предгорьях.

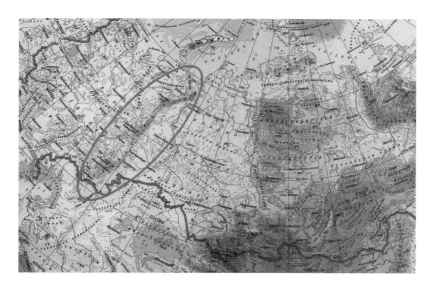

По природным условиям выделяют:

Южный Урал (Оренбургская, Челябинская, Курганская области и Республика Башкортостан), где лесостепь переходит в широколиственные и смешанные леса;

Средний Урал (Пермский край и Свердловская область), покрытый смешанными лесами и тайгой;

Северный, Приполярный и Полярный Урал (восточная

часть Республики Коми и Ненецкого автономного округа, северо-запад Тюменской области), где тайга переходит в лесотундру и тундру.

Поскольку север региона заселен мало, под названием Урал обычно подразумевают наиболее развитые Средний и Южный Урал.

Их общая площадь 781.1 тыс. км^2, 4.5% площади всей страны; население 17,7 млн человек (на 1.1.2010), 12.5% населения России.

Урал присоединен к Российскому государству и освоен русскими в XVI-XVII веках. С начала XVIII века на Среднем Урале была создана мощная промышленность: черная и цветная металлургия, добыча руд и самоцветов, механические заводы. С прокладкой Транссибирской магистрали начал активно развиваться Южный Урал. Первоначально Уральские горы (Камень, Каменный Пояс) считались частью Сибири, но около 200 лет назад разница в природных условиях и заселении между ними и Сибирью стала настолько очевидна, что Урал был выделен в особый регион.

Для Урала характерна многонациональность. Изначально Уральские горы населяли десятки народов. В царские времена регион стал местом ссылки и добровольного переселения. Этнографический облик уральцев создали три потока переселенцев: русские старообрядцы, бежавшие сюда в XVII-XVIII веках; переведенные на уральские заводы крестьяне из Европейской части России (главным образом из современных Тульской и Рязанской областей); украинцы, привлеченные как дополнительная рабочая сила в начале XIX века.

С административной точки зрения в Западной Сибири находятся субъекты Российской Федерации, относящиеся к Уральскому и Сибирскому федеральным округам:

Таблица 1. Административное деление Западной Сибири[2]

Субъект федерации	Административный центр	Площадь, тыс. км²	Население, тыс. человек (на 1.1.2010)	Официальный портал
Сибирский Федеральный округ (западная часть)				
Республика Алтай	Горно-Алтайск	92,9	210,7	Органы государственной власти Республики Алтай
Алтайский край	Барнаул	168	2490,7	Органы государственной власти Алтайского края
Кемеровская область	Кемерово	95,7	2820,6	Администрация Кемеровской области
Новосибирская область	Новосибирск	177,8	2649,9	Сайт правительства и губернатора Новосибирской области

---

2) [Электронный ресурс] URL: http://www.vokrugsveta.ru/encyclopedia/index. php . Дата обращения 21.10 2018.

Субъект федерации	Административный центр	Площадь, тыс. км²	Население, тыс. человек (на 1.1.2010)	Официальный портал
Омская область	Омск	141,1	2012,1	Информационный портал "Омская губерния"
Томская область	Томск	314,4	1043,8	Администрация Томской области
Уральский Федеральный округ (восточная и юго-западная часть)				
Тюменская область	Тюмень	1464,2	3430,3	Органы государственной власти Тюменской области
в том числе входящий в Тюменскую область Ханты-Мансийский автономный округ – Югра	Ханты-Мансийск	534,8	1538,6	Органы государственной власти ХМАО
в том числе входящий в Тюменскую область Ямало-Ненецкий автономный округ	Салехард	769,3	546,5	Аппарат губернатора ЯНАО
Курганская область	Курган	71,5	947,6	администрация Курганской области
Свердловская область	Екатеринбург	194,3	4393,8	правительство Свердловской области
Челябинская область	Челябинск	88,5	3508,4	губернатор Челябинской области

Сибирский федеральный округ (СФО) — административно-территориальная единица Российской Федерации, образованная 13 мая 2000 года, включающая двенадцать субъектов Российской Федерации. Центром Сибирского федерального округа является город Новосибирск.

Площадь округа — 5,1 млн. кв.км (30% от территории России), население — 19,3 млн. человек (13,16% от населения России), из них в городах живут 13,8 млн. человек, а на селе — 5,4 млн. человек. Плотность населения — 3,76 человек на кв.км.

Национальный состав по данным переписи 2010 года: Русские — 16 542 506 (85,91%); буряты — 442 794 (2,30%); тувинцы — 259 971 (1,35%); украинцы — 227 353 (1,18%); татары — 204 321 (1,06%); немцы — 198 109 (1,03%); казахи — 117 507 (0,61%); алтайцы — 72 841 (0,38%); хакасы — 70 859 (0,37%); армяне — 63 091 (0,33%) **корейцы — 11 193** (0,06%) и др.

Ведущие отрасли промышленности цветная металлургия, электроэнергетика, лесная и деревообрабатывающая, черная металлургия, химическая и нефтехимическая, пищевая и мукомольная, топливная, строительных материалов, машиностроение и металлообработка, легкая. Доля округа в общем объеме сельскохозяйственного производства России 16,2%. Важнейшие отрасли сельского хозяйства животноводство, производство зерна, овощеводство. Через Сибирский федеральный округ проходят транзитные потоки (грузоперевозки и пассажирские перевозки) из Европы в Азию.

Сибирский федеральный округ включает территории с экстремальными условиями для проживания, к районам Крайнего Севера и приравненным к ним местностям относится значительная часть его территории. На территории округа проживают около 70 тысяч человек восемнадцати национальностей коренных малочисленных народов Севера и Сибири — более трети всех коренных народов Севера и Сибири, проживающих в Российской Федерации. На территории округа действуют отделения трех российских академий наук — Сибирское отделение Российской академии наук, Сибирское отделение Российской академии сельскохозяйственных наук, Сибирское отделение Российской академии медицинских наук, в состав которых входят более ста научно-исследовательских организаций, а также сеть научно-опытных станций.

В первой половине XX в. в СССР было проведено три всеобщие переписи населения в 1926 г., 1937 г., 1939 г. в которых одним из критериев учета была выделена национальная принадлежность.

Согласно их итогам численность корейцев в СССР неуклонно росла. В 1926 г. в Сибирском крае насчитывалось 678 корейцев.[3] По данным переписи 1926 г. корейское

---

3) Результаты Всесоюзной переписи населения 1926 г//Сайт Института демографии Национального исследовательского университета

население региона распределилось следующим образом: наиболее многочисленные поселения корейцев сформировались в Иркутском (189 человек), Канском (170 человек) и Бурято-Монгольском округах (89 человек).[4) В остальных административных отделениях Сибирского края в 1920-е гг. численность корейского населения была очень невелика. В г. Новониколаевске (с 1926 г. в г. Новосибирск) проживало 47 корейцев.[5) На территории Алтая (Алтайской губернии) проживали: 7 человек–в Барнаульском уезде, 12 –в Рубцовске, 8 –в Бийске.[6)

О первых корейцах в Сибири известно не много. Согласно данным Всесоюзной переписи населения 1926 г., в Рубцовском округе Сибирского края (современный Алтайский край) проживало 4 корейца. Однако, по материалам В.С.Бойко, в середине 1920-х гг. в Рубцовской степи близь с. Веселоярск возникло корейское поселение, которое было оформлено в коммуну под названием «Новая Корея».

Большинство коммунаров были этническими корейцами,

«Высшая школа экономики». [Электронный ресурс]. URL: http://demoscope.ru/weekly/ssp/rus_nac_26.php?reg=1348 Дата обращения 06.09.2019

4) Там же

5) Новосибирск многонациональный. Народы и религии (Информационный справочник) / под ред. А.А.Бадмаева и И.В. Октябрьской. – Новосибирск: Арт Инфо Дата, 2002. –С. 15.

6) Бойко В.С. Корейцы на Алтае... особенности хозяйственной жизни и социального устройства общины.// [Электронный ресурс] URL: https://koryo-saram.ru/korejtsy-na-altae-osobennosti-hozyajstvennoj-zhizni-i-sotsial-nogo-ustrojstva-obshhiny [Дата обращения 25.06.2020]

однако поселение носило смешанный характер и быстро пополнялось местными женщинами, которых брали в жены мигранты, в большинстве своем одинокие мужчины.[7] Можно предположить, что этот факт способствовал адаптации первых корейских мигрантов в Сибири. Подобная ситуация наблюдалась и в корейском колхозе им. Томми в Ойротии –в Горном Алтае. В 1930 г. в колхозе им. Томми проживало 49 семей – это были этнически смешанные семьи, состоящие из мужчин-корейцев и их русских (или русскоязычных) жён.[8]

В Хакасии (пос. Черные Копи) община возникла в результате переселения на юг Красноярского края семей корейских партизан, воевавших с японцами.[9] Для корейцев Сибири, изначально был характерен высокий уровень смешанных браков. Эта тенденция сохранялась на протяжении всего XX в. вплоть до современности. Несмотря на смешанный характер семей, в корейских коммунах Алтая с 1920-х гг. существовали национальные школы. Такая школа, по данным В.С.Бойко была открыта и в колхозе

---

7) Там же.

8) Бойко В.С. Корейцы на Алтае... особенности хозяйственной жизни и социального устройства общины.// [Электронный ресурс] URL: https://koryo-saram.ru/korejtsy-na-altae-osobennosti-hozyajstvennoj-zhizni-i-sotsial-nogo-ustrojstva-obshhiny [Дата обращения 25.06.2020]

9) Корейцы // Историческая энциклопедия Сибири [Электронный ресурс]. – URL: http://sibhistory.edu54.ru/index.php/%D0%9A%D0%9E%D0%A0%D0%95%D0%99%D0%A6%D0%AB Дата обращения 06.09.2017.

«Новая Корея». Культурно-языковая идентичность сохранялась в корейских анклавах до 1930-х гг. Их история прерывается в 1937 г. в связи с арестом большинства корейцев органами НКВД. Большинство корейцев-коммунаров было расстреляно по решению «троек», или приговорено к заключению. Но их потомки до сих пор проживают в селах Алтая.

Таким образом, в Сибири в начале XX в. миграция корейцев носила кратковременный, по преимуществу случайный, стихийный характер.[10]

В ходе политических репрессий 1930 -х гг. первые корейские поселения в Сибири исчезли. Таким образом, несмотря на проникновение небольших групп корейцев в Сибирь еще в 1920-е гг., устойчивое корейское сообщество здесь стало складываться позже – в 1950-е гг.

После снятия репрессивных ограничений в 1950-е гг. корейцы стали расселятся по всей территории СССР, втом числе и в Сибирь. Начиная с 1950-х гг. численность корейского населения в макрорегионе постоянно росла. Заметным стало его увеличение в ходе переселений 1990-2000-х гг.,в том числе из стран СНГ.

В период с середины 1950-х и до середины 1970-х

---

10) Бойко В.С. Корейцы на Алтае... особенности хозяйственной жизни и социального устройства общины.// [Электронный ресурс] URL: https://koryo-saram.ru/korejtsy-na-altae-osobennosti-hozyajstvennoj-zhizni-i-sotsial-nogo-ustrojstva-obshhiny [Дата обращения 25.06.2020]

увеличилась численность корейцев во многихадминистративных областях Сибири. Наиболее значительный прирост корейского населения был зафиксирован в Томской (77% прироста) и Новосибирской (59% прироста) областях. Это связано с активным притоком корейцев из Средней Азии и с о. Сахалин с целью получения высшего образования.

Учебная и трудовая миграция определяла тенденции внутриросийской мобильности корейского населения. За межпереписной период 1989 –2002 гг. в Алтайском крае прирост численности корейцев составил 54%, в Новосибирской – 41%, в Омской – 42%, в Томской обл. – 11%. Однако в тот же период корейское население Красноярского края сократилось на 5%. Эта тенденция продолжилась в крае и в последующие периоды.

С 2002 – 2010 гг. наблюдается сокращение численности корейцев в четырех из шести рассматриваемых регионах: в Алтайском крае – на 8%, в Красноярском крае – на 15% и в Омской обл. – на 5%. Снижение численности корейского населения в 2002-2010 гг. в большинстве рассматриваемых регионов Сибири может быть результатом оттока корейского населения в другие регионы России, результатом увеличения числа смешанных браков и трансформации этнической идентичности.

В 2010 г. в Новосибирской обл. насчитывалось 3193

человек, в Алтайском крае – 1214 человек, в Томской области – 1207 человек, в Красноярском крае –1029 человек и в Омской области – 705 человек; доля корейского населения от общей численности в каждом субъекте федерации СФО не превышала 0,1% (в Новосибирской и Томской обл.). При этом общая численность корейцев России определялась в 153 тыс. человек, что составило 0,1% от общей численности населения государства.

Миграция корейцев в сельские районы Сибири имеет незначительный характер. Определяющей в формировании ее трендов остается ориентация на крупные промышленные центры России. Можно говорить о росте корейской общины российских «миллионников», прежде всего г. Москвы и г. Санкт-Петербурга, а также г. Новосибирска и ряда других крупных городов России.

Таким образом, корейское сообщество в Сибири сформировалось в результате миграций 1950-х – начала 2000-х гг.; к 2010-м гг. наметилась тенденция оттока корейского населения из региона.

На протяжении последних десятилетий наблюдается высокая динамика численности корейского населения в Сибири, когда постоянный приток из восточных регионов России и из стран СНГ компенсирует отток из региона. При этом в Новосибирской и Томской областях наблюдается устойчивый рост численности корейского населения.

Согласно статистическим данным, численность корейского населения в Новосибирской и Томской областях росла на протяжении всей истории пребывания корейцев в регионе. В межпереписной период с 1989 г. по 2002 г. рост численности корейцев в крупные города Сибири происходит за счет мигрантов из бывших советских республик. В 2002–2010 гг. рост корейской общины был характерен лишь для Новосибирской и Томской областей.

В 2002–2010 гг. прирост численности корейцев в Томской области продолжился, однако темпы прироста сократились до 5% за период с 2002 -2010 г.; в то время как с 1979 г. они стабильно держались на уровне 11-12%. В Новосибирской обл. прирост корейского населения происходил скачкообразно: в 1959 – 1979 гг. – 60%, в 1979 – 1989 гг. – 2%, в 1989 – 2002 гг. – 41%, в 2002 – 2010 гг. – 32%. Резкое увеличение численности корейцев в г. Новосибирске за последнее десятилетие можно связать с присутствием трудовых мигрантов из КНДР. Сложности в точном подсчете численности корейского населения связаны с тем, что в переписных листах этноним «кореец» употребляется для обозначения и российских корейцев, и временных трудовых мигрантов из КНДР, и граждан Республики Корея. Всероссийская перепись 2010 г., как показал анализ статистики, зафиксировала прирост корейского населения в Новосибирской области за счет иностранных граждан корейского происхождения.

Анализ статистических данных позволяет утверждать, что корейское сообщество в Сибири очень подвижно. Это во многом связано с особенностями адаптации и миграцией в крупные и перспективные центры России.

3. Уральский федеральный округ

Уральский федеральный округ (УФО) был образован 13 мая 2000 года. В его состав входят 6 субъектов Российской Федерации: 4 области (Свердловская, Челябинская, Курганская, Тюменская) и 2 автономных округа (Ханты-Мансийский - Югра, Ямало-Ненецкий). Общая площадь территории округа составляет 1788,9 тыс. кв. километров (почти 10,5% площади Российской Федерации). Административный центр УФО - город Екатеринбург.

В УФО проживает 12345,8 тыс. человек (8,41% населения страны). В том числе в Свердловской области – 4307,6 тыс., в Челябинской – 3480,1 тыс., в Ханты-Мансийском автономном округе (Югре) – 1561,2 тыс., Тюменской области – 1361,6 тыс., Курганской области – 896,3 тыс., Ямало-Ненецком автономном округе – 536,6 тыс. человек.[11] Плотность

11) Официальный сайт полномочного представителя Президента России в Уральском федеральном округе / [Электронный ресурс]

населения составляет 6,7 человек на кв. километр. Данный показатель меньше только в Сибирском и Дальневосточном федеральных округах.

Около 80% населения региона - горожане. Крупнейшие города УФО - Екатеринбург, Челябинск (оба - с населением более миллиона человек), Тюмень, Магнитогорск, Нижний Тагил, Курган, Сургут, Нижневартовск, Златоуст, Каменск-Уральский. На территории Уральского федерального округа проживают представители более 120 этнических групп, действуют представители более 40 религиозных конфессий, зарегистрировано более 1 300 религиозных объединений.

Национальный состав, согласно переписи 2010 года: Всего — 12 080 526 человек Русские — 9 690 527 (80,22%); татары — 581 728 (4,82%); башкиры — 252 358 (2,09%); украинцы — 250 020 (2,07%); казахи — 70 788 (0,59%); азербайджанцы — 66 819 (0,55%); немцы — 56 064 (0,46%); белорусы — 52 855 (0,44%); чуваши — 42 177 (0,35%); армяне — 38 104 (0,32%); марийцы — 37 980 (0,31%); корейцы – 3805 (0,03%) и др.[12]

Уральский регион - один из самых богатых минерально-сырьевых регионов России. В Ханты-Мансийском и Ямало-Ненецком автономных округах разведаны и осваиваются

URL: http://uralfo.gov.ru/district Дата обращения 23.10.2017.

[12] Уральский федеральный округ [Электронный ресурс] URL: https://ru.wikipedia.org/wiki/Уральский_федеральный_округ#cite_note-ЭтноЯз.2010-34 Дата обращения 01.09.2020

нефтяные и газовые месторождения, относящиеся к Западно-Сибирской нефтегазоносной провинции, в которой сосредоточено 66,7% отечественных запасов нефти (6% - мировых) и 77,8% запасов газа (26% - мировых). Округ располагает значительными запасами железных, титаномагнетитовых и медных руд, цветных, благородных и редких металлов, торфа, асбеста, нерудных строительных материалов, драгоценных и полудрагоценных камней. Здесь сосредоточены крупные лесосырьевые ресурсы, около 10% общероссийских запасов.

Одной из главных задач социально-экономического развития Уральского федерального округа стал, по оценке Дмитрия Медведева, «поиск принципиально новых подходов и привлекательных перспективных проектов, закладывающих прочный фундамент роста на десятилетия вперед». Таковым является комплексный инвестиционный проект «Урал промышленный - Урал Полярный», цель которого - обеспечение транспортной доступности богатейших ресурсов Полярного и Приполярного Урала на основе опережающего развития транспортной инфраструктуры.

Рассматриваемые территории являются важными социально-экономическими регионами страны, что и определяет их привлекательность для внешней и внутренней трудовой миграции. Как мы видим, регионы являются не многонаселенным, но здесь проживают представители разных национальностей (этнических групп), объединенные в различные культурные и национальные центры.

Изменение численности корейского населения и ареал их расселения, можно проследить на основании данных, предоставленных официальной статистикой (переписи населения 1897, 1920, 1927, 1939 г. и др.), в которых, к сожалению, немало разночтений и нестыковок. Это объясняется, прежде всего, теми социальными изменениями, которые происходили в нашей стране на протяжении всего периода, с момента переселения корейцев на территорию России. А так же, передвижкой границ не только таких территорий, как губернии или уезд, но и большинства волостей (областей), что совершенно видоизменяло очертания отдельных административных единиц, по которым группировались данные переписей.

До недавнего времени в отечественной историографии придерживались мнение о том, что до 1937 г. основная масса корейцев компактно проживали на Дальнем Востоке России, откуда все были депортированы в Среднюю Азию и Казахстан. А в других регионах они были представлены незначительными, малочисленными группами, и из-за мизерности их численности, в статистических справочниках не выделялись в отдельную статью, а включались в категорию «прочие народности».

Однако, согласно переписи населения за 1939 г. в СССР представителей «корё сарам» мы встречаем во многих регионах страны, и в городских и в сельских поселениях. При этом наблюдается тенденция перехода из сельских жителей в городские, что свидетельствует, об активном приобретении ими городских профессий и смене уклада жизни.[13]

Процесс расселения корейцев по территории СССР происходил чрезвычайно медленно. Причиной тому стали не только политика государства, препятствующая свободным внутренним миграциям, но и сельскохозяйственная специфика занятий основной части корейского населения.

Пересмотр национальной политики в период «оттепели» способствовал значительному изменению в демографии, начинается активная миграция из региона Средней Азии и Казахстана, в том числе и Сибирь.

По всесоюзной переписи 1959 г. корейцев в СССР числилось 313 735 человек. Они были зарегистрированы во всех республиках Союза ССР. По данным последующих переписей 1970, 1979 и 1989 гг. мы видим, что их численность неуклонно росла 357 507 человек, 388926 человек и 438650 человек соответственно, из них в РСФСР проживали 1970 г.

13) Приложение 4

– 101 369 человек, 1979 г – 97649 человек, 1989 г. – 101057 человек.[14)]

После распада Союза ССР первая перепись проводилась в 2002 г. Численность корейцев в Российской Федерации составила 148 556 человек.[15)] Самая большая группа корейцев была зарегистрирована в Дальневосточном округе – 61 946 человек и в Южном округе – 39 031 человек. В вверенных нам округах, корейское население составляло в УФО – 4071 человек, в СФО – 10797 человек

По результатам Всероссийской переписи населения 2010 г. в России постоянно проживает 153156 корейцев, в УФО - 3805 и СФО - 11193 чел.,[16)] как мы видим по результатам переписи 2010 года, из УФО произошел небольшой отток корейского населения. Основным направлением, выбранным корейцами Урала для постоянного места жительства, стал Юг России (Волгоградская область, Краснодарский и Ставропольский края), что объясняется более благоприятными климатическими условиями.

---

14) Итоги переписи населения СССР 1989 г. [Электронный ресурс] URL: http://istmat.info/files/uploads/17594/naselenie_sssr._po_dannym_vsesoyuznoy_perepisi_naseleniya_1989g.pdf Дата обращения 24.10.2017.

15) Всероссийская перепись населения 2002 г. [Электронный ресурс] URL: www.perepis2002.ru Дата обращения 24.10.2017.

16) Всероссийская перепись населения 2010 г. [Электронный ресурс] URL: www.perepis2010.ru Дата обращения 17.10.2017

Глава 2

Вопрос о первостепенности этнической идентичности, как фактора сохранения корейской этничности на территории России

Еще два десятилетия назад бытовало мнение, что такие процессы как глобализация, унификация культуры и развитие личностного индивидуализма постепенно приведут к исчезновению этнических факторов в жизни людей. Однако в мире развернулись процессы, связанные со стремлением многих народов сохранить свою самобытность, подчеркнуть уникальность их культуры и национального характера, что противоречит прогнозам развития глобализации общества.

Несмотря на унификацию материальной и духовной культуры, этнические сообщества остаются довольно устойчивыми формированиями, а этническая идентичность, для многих это категория, которая не подвергается пересмотру, позволяющая найти себя и самоопределиться. Поэтому этнический фактор не теряет своей актуальности, даже, можно говорить о возрастании его роли и процессах этнического возрождения. При этом наблюдается феномен почти одновременного подъема этнической идентичности у этнических общностей и роста интереса к ним как со стороны стран происхождения, так и принимающих стран, корейская общность в России не исключение.

Под понятием «идентичность» в этнологии понимается процесс перенесения индивидом на самого себя качеств и особенностей своего внешнего окружения, стремление актуализировать в своей личности те черты, которые имеют важное и жизненно необходимое значение в данных условиях. Каждый этнос обладает набором устойчивых признаков, таких как историческая память, миф об общих предках, ценности и нормы, религия, язык, народное искусство, фольклор, обычаи, обряды, национальный характер имеющих своеобразные черты (этническую окраску), образующие этническую культуру, занимающую свое особое место среди других культур (предметы быта, блюда национальной кухни, идеоматические выражения, праздники и др.).[1] Каждый этнос обладает уникальным культурным стержнем, который определяет согласованность действий членов этноса и обнаруживает себя вовне через различные модификации культурной традиции. И даже если, этническая группа подвергается внешним влияниям, неизменной остаётся основа его культуры и до тех пор, пока она не разрушена, этнос сохраняет свою идентичность.[2] Попадая в новые этносоциальные условия - в результате миграций, депортаций или других явлений, этнос адаптируется к новым условиям существования и преобразует свою этническую картину мира, в соответствии с нормам и ценностям принимающего окружения, при этом основы (стержень) национальной (этнической) культуры остается неизменным.

Проблема трансформации этнической идентичности современных корейцев связана, в первую очередь, с историей корейской общности, их расселения по всему миру, и достаточно успешная адаптация и ассимилияция в иноэтнической среде, которая повлияла на приобретение ими новых черт, изменяющих первоначальные характеристики общности. Разные и условия формирования

---

1) Левкович В.П., Мин Л.В. Особенности сохранения этнического самосознания корейских переселенцев Казахстана //Психологический журнал. 1996, Т.17. №6. С. 72-81

2) Лурье С.В. Историческая этнология. М.: Аспект Пресс, 1997. 448с.

и существования корейских общностей в разных странах, где-то это добровольная миграция, а где-то насильственная депортация, окружение, схожесть и разность культур, политические режимы и т.д. Поэтому корейские общности имеют как общие, так и особенные черты, так например, много общего в языке, кухне, обычаях, один антропологический тип, и в то же время язык имеет свои особенности в каждой группе, есть существенные отличия в той же кухне (например рецепты блюд существующие только у определенной группы корейцев) и т.п.

С первых дней пребывания на территории России со стороны российских властей начинается политика русификации корейцев, в том числе и через систему образования. Так, на территории, где впервые появились корейцы уже к началу XX в. действовали церковно-приходские, миссионерские и правительственные русские школы. Конечно, сами корейцы с разрешения местных властей организовывали сельские школы, где преподавание велось на корейском языке, где предпочтительно обучались дети переселенцев. Лишь небольшая часть вновь прибывших корейцев была образована и владела русским языком, в целом корейцы продолжали жить, очень замкнуто. Знание языка было совсем не обязательным, можно было покупать товары только в корейских магазинах, учить детей в корейских школах, общаться с корейскими старостами, читать корейские книги.[3]

В 1920 - 1930-е гг., после установления советской власти на Дальнем Востоке, корейцы продолжали получать образование на родном языке. Для этого разрабатывались учебные программы, шла подготовка специалистов, в том числе в педагогическом институте и двух педагогических училищах, переводились на корейский язык учебные пособия, действовала сеть национальных школ, где русский язык фактически преподавался как иностранный. На корейском языке выходили газеты и журналы, действовали различные общественные организации. Таким образом, до 1937 г. советская власть проводила в отношении корейцев достаточно мягкую политику, которая позволяла корейцам достаточно легко адаптироваться и ассимилироваться в принимающем обществе.

Далее наступает период достаточно сложный для корейской общности в России, насильственная депортация корейцев с Дальнего Востока в районы республик Средней Азии и Казахстана в 1937 г. Она была вызвана рядом причин, в первую очередь это внешне - и внутриполитических осложнений, переживаемых страной в тот период.

Механизм осуществления депортации и дискриминация

---

3) Волкова Т. В. Российские Корейцы: К Вопросу О Самоидентификации К 140-летию переселения корейцев в Россию [Электронный ресурс] http://mognovse.ru/sjh-rossijskie-korejci-k-voprosu-o-samoidentifikacii.html Дата обращения 17.10.2017 .

корейского населения вплоть до 1953 г., негативно отразились на психологическом состоянии людей и их самосознании. Корейцы чувствовали себя изгоями и бесправным народом в стране, которая когда-то дала возможность им строить свою жизнь и выделила им земли для проживания, приняла их как беженцев и политических иммигрантов.

Следует подчеркнуть, что корейцы России формально до 1993 г. пребывали в статусе репрессированного народа. Несмотря на смягчение положения и частичную реабилитацию репрессированных народов СССР в 1950-х гг., их фактическое восстановление в правах произошло гораздо позже. Только к 1985 г. в СССР была создана реальная возможность и необходимые условия для решения вопросов, связанных со снятием обвинений, выдвигаемых против лиц, подвергшихся репрессиям в период культа личности, и для осуществления полной их реабилитации.[4]

С конца 1980-х гг. обсуждались вопросы реабилитации репрессированных народов, и практика насильственного переселения была признана противоправной. В итоге в 1989 г. была принята декларация Верховного Совета СССР «О признании незаконными и преступными репрессивных актов против народов, подвергшихся насильственному

---

[4] Бугай Н.Ф. Социальная натурализация и этническая мобилизация (Опыт корейцев России) / под ред. М.Н.Губогло. М.: ЦИМО, 1998. С. 186.

переселению, и обеспечении их прав».⁵⁾ В этом документе упоминалась и депортация корейцев с Дальнего Востока. Впоследствии правительство СССР приняло еще ряд постановлений, которыми были отменены восемь нормативных актов, послуживших основой для противоправного насильственного переселения. Следующим шагом в восстановлении прав репрессированных народов было принятие в 1991 г. Закона Верховного Совета РСФСР за № 1107-1 «О реабилитации репрессированных народов».⁶⁾ На основе этих документов реабилитация продолжилась и на уровне законодательства Российской Федерации. На основе принятого в 1991 г. Закона за № 1107-1 вступило в силу постановление Верховного Совета Российской Федерации «О реабилитации российских корейцев» за № 4721-1. Постановлением признавались незаконными все акты, принятые начиная с 1937 г. в отношении этого сообщества, на основе которых оно было насильственно переселено в Казахстан и в республики Средней Азии, где переносило трудности, связанные с

---

5) Декларация от 14 ноября 1989 года О признании незаконными и преступными репрессивных актов против народов, подвергшихся насильственному переселению, и обеспечении их прав [Электронный ресурс] URL: https://ru.wikisource.org/wiki/Декларация_ВС_СССР_от_14.11.1989 Дата обращения 01.09.2020

6) Закон Верховного Совета РСФСР за No 1107-1 «О реабилитации репрессированных народов»// Бугай Н.Ф. Социальная натурализация и этническая мобилизация (Опыт корейцев России) / под ред. М.Н. Губогло. М.: ЦИМО, 1998. –С 189-192.

нарушением конституционных норм проживания в обществе и с трудовой мобилизацией.[7] Закон о реабилитации включал в себя три составные части понятия реабилитации: правовую, территориальную и социально-культурную. Во втором пункте постановления говорилось следующее:

Естественно депортация не могла не нанести урон на культурное развитие этноса. Так, согласно ряду постановлений, корейские школы были преобразованы в школы обычного типа, с преподаванием на русском языке; было закрыто корейское педагогическое училище, а обучение в педагогическом институте, переехавшем из Владивостока в г. Кзыл-Орду, переведено на русский язык.[8] Таким образом, корейцы фактически лишились возможности получать образование на родном языке.

Несмотря на все притеснения, у корейцев была возможность передвигаться в пределах «своих» республик, а при наличии специального разрешения и за их границы, могли поступать в вузы (правда выбор специальностей был ограничен), могли занимать ответственные посты и т.п.

После депортации в новых и не простых жизненных условиях, корейцы вынуждены были приспосабливаться,

---

7) Пак Б.Д., Бугай Н.Ф. 140 лет в России. Очерк истории российских корейцев. М.: Институт востоковедения РАН, 2004. С 334.

8) Постановление ЦК ВКП (б) от 24 января 1938 г. «О реорганизации национальных школ».

адаптироваться. Для успешной адаптации корейцы, в большинстве своем, выбирали коллективный вариант (расселяясь анклавами и объединяясь в этно-культурные группы), однако немало было и тех, кто проходил адаптацию и интеграцию в принимающем обществе индивидуально. При индивидуальной адаптации неудовлетворенные своим социальным статусом могли принять ориентацию на будущее через изменение идентичности, при этом значение собственной этнической идентичности отходило для них на второй план, тогда как на первый выходили религиозная, профессиональная и др.

Несмотря на печальный исторический опыт, корейцы в Современной России, как и в Советской, оцениваются окружающими как трудолюбивый и лояльный народ.

С середины 1950-х гг., после отмены официальных ограничений на передвижение по стране, корейцы стали переселяться в разные регионы СССР.

Миграция была связана, первую очередь с желанием получить хорошее образование для того, чтобы занять достойное место в обществе,[9] а во-вторых, занятие

---

[9] По данным Всероссийской переписи населения 2010 г. процент корейцев, имеющих высшее образование, от общей численности корейцев в России составил 24%, в то время, как общероссийский –18,6%. Для сравнения по РФ у русских аналогичные показатели находится на уровне 20%, у татар –16,8%, украинцев –24%, башкир –11,8%, немцев –14,5%, евреев –60%. В целом в Сибири процент образованных корейцев выше общероссийского уровня.

определенной экономической ниши, которая, так же позволит быть в обществе самостоятельным и иметь достойный уровень жизни и статус. Это установки, опирающиеся на систему ценностей, заложенную конфуцианской этикой (трудовое воспитание и стремление к образованию).

Успешное осуществление как одного, так и другого пути зависело и зависит от политики проводимой государством, а также от отношения принимающего общества (титульной нации). Поэтому, оба пути взаимно дополняли и подкрепляли друг друга, и требовали для своего осуществления не только индивидуальных, но и коллективных усилий, так как успех одного, мог помочь достичь успеха и всей группе.

Среди корейцев всегда наблюдался самый высокий процент лиц, имеющих высшее образование, так, исследования показывают, что большинство (75%) опрошенных корейцев в Новосибирске, Томске, Барнауле, Красноярске и других городах в возрасте от 18 до 63 лет имеют высшее образование, или являются студентами вузов.

Среди специальностей, выбранных для получения высшего образования сибирскими корейцами, преобладают: экономика и финансы, медицина, юриспруденция, физика, химия, математика и др., наиболее востребованные обществом, рейтинговые специальности, находящиеся в тренде научно-технического и экономического прогресса.

При этом интервью респондентов свидетельствуют о высоком уровне социальной мобильности корейцев, быстро реагировавших на общественный и рыночный спрос в ходе переориентации на более востребованные специальности. В процессе ассимиляции и интеграции в принимающее общество, корейцы продвинулись довольно далеко. Их можно встретить в сфере науки и образования, культуры и искусства, медицины, на ответственных должностях в различных отраслях экономики, в бизнесе, силовых структурах и во власти, мы об этом говорили во четвертой части исследования, где подробно рассмотрели достижения среднего поколения и убедились, сколько выдающихся личностей среди них.

Выбор одного из путей адаптации, влияет на степень востребованности и возможности сохранения и передачи этнического опыта и элементов национальной культуры. Первый вариант, адаптация через образование, предполагает большую степень аккультурации, способствует нарушению этнических связей как каналов передачи этнической информации и со временем приводит к утрате некоторых элементов культуры и изменению этнической идентичности. В результате человек оказывается перед выбором: либо полностью интегрироваться в основную культуру через усвоение ее элементов и ценностей, что может в дальнейшем привести к ассимиляции и сильной идентификации с группой большинства (этот путь наиболее тяжелый для корейского этноса из-за антропологических особенностей), либо, наоборот, попытаться утвердиться в обществе за счет акцентирования своей уникальности, этнического своеобразия, что может сопровождаться сильной идентификацией только со своей группой. Это более легкий путь при условии, если индивиду удается сохранить объективные и субъективные основания, подкрепляющие его этничность. Но есть еще и третий путь, основанный на модели чередования или переключения этнических поведенческих кодов в зависимости от ситуации («вести себя с корейцами как кореец, а с русскими как русский»). Для него характерна идентификация с обеими взаимодействующими группами, что является показателем интеграции или бикультурализма. Большинство корейцев, выбравших стратегию адаптации через образование, идут именно по этому пути.

Стратегия адаптации через освоение определенной экономической ниши, напротив, требует наличия разветвленной сети этнических и родственных связей, что важно в сельскохозяйственной сфере. Следствием такой практики становится концентрация представителей корейской национальности в регионе, благоприятном для занятия земледелием (Северный Кавказ, Краснодарский и Ставропольский края, Ростовская обл. и т. д.), где они со временем оседали, образуя национальные общины, между которыми складываются сети коммуникации, связывающие их между собой и с регионом исхода (в данном случае центральноазиатскими республиками). В результате происходит постоянный обмен информацией, что облегчает передачу этнокультурных ценностей и моделей поведения из поколения в поколение. Кроме того, занимаемая корейцами экономическая ниша ставит их в ситуацию активного взаимодействия, а иногда конфликта и конкуренции с другими этническими группами регионов, что укреплению чувства этнической солидарности, что, так же способствует сохранению этнической идентичности корейской общины в регионах.

Этническая идентичность это обладание генетически унаследованными отличительными признаками (своеобразный антропологический тип, традиционная культура, кухня, обычаи и обряды, отличающие их от окружающего населения и т.п.), и наличие которых, по мнению самих корейцев, может затруднить интеграцию в культуру принимающего, так как может встретить сопротивление.

Особенно актуальным является этот вопрос для тех, кто проживает в регионах, где нет компактно проживающих групп корейцев, например ХМАО и ЯНАО. В таких регионах, свою антропологическую особенность корейцы ощущают с детства, и как уже было сказано выше, не всегда воспринимают ее положительно.

Что касается стратегии адаптации в принимающем обществе через образование, она способствовала тому, что корейцев можно встретить во всех сферах деятельности. Однако в некоторых случаях реализация стратегии адаптации через образование приводила к тому, что социальная и профессиональная идентичность начинала преобладать над этнической. Однако, неизменными, как уже отмечалось выше, остаются основные культурные ценности и верования, позволяющие сохранять этническую идентичность.

Российские корейцы с первого дня появления на территории России стремились занять свое достойное место в принимающем обществе, и постоянно старались достичь высокого статуса, что позволяет преодолеть сложности интеграции в принимающее общество, с которыми сталкиваются практически все этнические меньшинства. Старшее и среднее поколения корейцев делало и делает все, чтобы дать детям возможность получить качественное образование, которое, по их мнению, как раз и позволит избежать те трудности и дискриминацию, которые пришлось испытать им самим на начальном этапе адаптации и интеграции в принимающем обществе. Для каждого поколения российских корейцев важно было занять полноправное место в обществе, тоже касается и молодежи, однако для них сегодня этническая идентичность является не первостепенной. Особенно для молодежи значимой стала профессиональная или гражданская идентичность. Выбор приоритета идентичности позволяет оценить перспективы молодого поколения российских корейцев и будущее корейской общности в России.

Жизненные ориентации молодого поколения корейцев не сильно отличаются от ориентации молодежи других этнических групп и русских, так больше половины опрошенных в возрасте от 18 и до 35 основными сферами деятельности выбрали: науку и образование (22%), бизнес и предпринимательство (17%), медицина (14%), сфера услуг (13%), финансы (8%), строительство (4%) и проч. Корейцы уверенно занимают и другие профессиональные ниши в местном социуме. По реакции старшего поколения, можно сказать, что результаты опроса о приоритетах молодежи соответствуют их желаниям, но все же есть разница, так старшее поколение ориентировано в первую очередь на образование и культуру, так как обеспокоено потерей интеллектуального потенциала. Снижение образовательного уровня, нарастающая коммерциализация в выборе ценностных ориентаций, уход из многих предпочитаемых ранее ниш трудовой деятельности ведут к потере социокультурных, качественных характеристик корейской общности в принимающем обществе и их стирание.

Как известно, изменение ценностных ориентаций присуще как отдельному человеку на протяжении всей его жизни, так и в целом этнической группе в зависимости от меняющихся условий жизни, что не может не повлиять на определение идентичности.

По результатам проведенного опроса, самым главным приоритетом у корейцев любого поколения является семья, занимающая наиболее важное место в жизни каждого человека. На второе место ставится профессия, настоящая или будущая, и, соответственно, профессиональная идентичность проявляется более ярко по сравнению с другими. Так же значимым является образование, которое, всегда имело устойчивую ценность в глазах этнических корейцев, так как стало существенным способом выживания в иноэтничной среде. Кроме того, качественное образование является одним из необходимых условий для получения хорошей профессии, которое позволяет осуществлять свои мечты.

В результате проведенного опроса становиться очевидным, что для молодого поколения корейцев, социальное и имущественное положение оказывается важнее, чем национальность, гражданство и др., что позволяет сделать вывод о том, что этническая идентичность объединяющая их в единую группу становятся менее значимой, чем малые группы и индивидуализм, показателем которого является стремление молодых корейцев добиться личного успеха в отрыве от основной группы. В связи с этим у корейской молодежи стали ярче проявляются такие черты как, самостоятельность, раскованность и раскрепощенность, что сопровождается потерей традиций, утратой почтительности к старшим и др., некогда присущими традиционному корейскому обществу.

Несмотря на вышесказанное, не мало представителей молодого поколения (12% в возрасте от 25 до 30 лет), считающих, что им следует ориентироваться не только на образование и духовные ценности, но и на возрождение традиций для поддержания корейской общины, так как индивидуализм, ослабление групповой солидарности в сочетании с постепенной утратой важных оснований этнокультурного воспроизводства, делают вопрос о перспективах сохранения основ устойчивого развития корейской общности в России в обозримом будущем открытым.[10]

У тех опрошенных, у кого наблюдается высокий уровень

10) Ким Г.Н, Хан В. Актуальные проблемы корейской диаспоры // Диаспоры. М., 2001. № 2-3. С. 191

выраженности этнической идентичности[11] (интересно, но из опроса следует, что он характерен для подростков от 14 до 16 лет и взрослым от 23 до 30 лет) формируется высокое ощущение ценности собственной личности, симпатия к себе и к своему этносу, чувство защищенности, самоуверенность и самоуважение. Таким образом, этническая идентичность способствует формированию позитивной оценки собственной группы, позитивного отношения к себе как части этой группы.

На формирование этнической идентичности любого этноса огромное влияние оказывает коллективная память этнической группы, присутствующая в структуре коллективного сознания этнической общности и вовлекающая отдельных представителей этноса в соответствующие социальные группы. Можно выделить два вида коллективной памяти – коммуникативную и культурную. Под коммуникативной подразумевается «память поколений», а культурная память это сказания, мифы, история и др., нуждающиеся в официальной традиции, так как опираются на знаковые системы,

---

11) Этническая идентичность является разновидностью социальной идентичности, которая проявляется в установке на принадлежность к определенному этносу. Этническую идентичность отличает от других форм социальной идентичности вера или представление об общей культуре, идея или миф об общности происхождения и общей истории как основных отличительных характеристиках этнической общности

поддерживающие идентичность и закрепляются в институциональных формах – официально утверждаемых праздниках и годовщинах, гимнах, национальной символике.

Любой этнос это не только постоянно изменяющаяся динамическая целостность и результат исторического развития. Благодаря саморазвитию и становлению в нем происходит постоянная трансформация этнической идентичности, которая подвергается сильному влиянию со стороны внешних и внутренних факторов. Основными факторами, влияющими на формирование этнической идентичности, являются: этнические границы, социальная и культурная дистанция, этнический статус, психологические сходства и различия культур, этнические установки, глобальные изменения в социально-политической сфере и связанные с ними изменения в межэтнических отношениях, гетерогенность или гомогенность этнического окружения, особенности культурной среды и др.

Однако при исследовании этнической идентичности определенных этнических общностей которые являются особенными в более широком обществе, культура которых отличается от культуры этого общества,[12] в том числе и

---

12) Таболина Т.В. Этническая проблематика в современной американской науке. М., 1985. С. 33.

российских корейцев, особую роль приобретает понятие самоидентификация в зависимости от региона исхода и цели пребывания.

Несмотря на внешнюю гомогенность, среди корейских общностей в России выделяются различные группы, с ярко выраженными особенностями регионов исхода и целей пребывания. Первая группа – «сахалинские корейцы», предки которых являются выходцами из Южной Кореи, мигрировавшие на остров Сахалин. Они в наибольшей степени сохраняют связь с Южной Кореей, у них лучше, чем у материковых корейцев сохранился язык, (диалект, на котором и сейчас говорят в Республике Южная Корея) традиции и др.

Вторая группа – «азиатские корейцы», корейцы, переселившиеся в Россию из Казахстана и республик Средней Азии. Идентичность этой группы определена размыто. Они, как правило, учились в русскоязычных школах, были окружены представителями разных национальных групп, с которыми им приходилось взаимодействовать каждый день, в результате чего они хорошо овладели русским языком, а корейский язык был вытеснен. Проблема идентификации для них заключалась в том, что их социализация проходила в поликультурном окружении и соответственно они изменили свое отношение к корейским традициям и культуре, видоизменив их, а чувство принадлежности к корейской нации осталось выражено у них достаточно сильно. Отметим, что азиатские корейцы достаточно успешно интегрировались в современные социально-экономические условия современной России и рассматриваемых регионов.

Третья группа – «российские корейцы» родившиеся и выросшие в России, глубоко интегрированные в российское общество люди (это как раз то молодое поколение, которое нас интересует), для которых этническая идентичность не играла до недавнего времени какую-то значимую роль. Однако, изменения в государстве, стремление всех национальных групп самоопределиться и определить свое место в многонациональном (полиэтническом) российском обществе, привело к возрастанию интереса российских корейцев к своей исторической родине, культуре, языку. Так, во многих регионах России открываются корейские культурные и языковые центры, молодежь и дети могут соприкоснуться с национальной культурой и познакомиться и даже выучить корейский язык.

Несмотря на возросший интерес и активность различных корейских культурных центров, «российские корейцы», особенно молодежь не отождествляют себя с исторической родиной, оставаясь в большинстве своем «русскими корейцами».[13] В этом этнониме проявляется специфика

---

13) Большинство опрошенных называют себя «русский кореец»

этнического самосознания корейцев, наиболее часто корейцы, проживающие в регионе, называя себя «русскими корейцами», подчеркивают свою близость к двум культурам – русской и корейской.

В данном контексте интересна концепция профессора Хан В.С., предлагающего использовать термин «мета-нация» для обозначения этнических групп, исторически принадлежащих к одной нации, проживающих в разных государствах и имеющих культурное различие . К главным признакам «мета – нации», В. Хан относит:

- общие исторические и этнические корни;
- существование основной нации и национального государства;
- высокий уровень миграции за пределы национального государства;
- образование за пределами национального государства интегрированных и ассимилированных к новой среде общин, но сохраняющих свою историческую, культурную, генетическую идентичность;
- наличие этнического самосознания;
- наличие взаимосвязей и взаимоотношений между родственными этническими группами, придающих «мета - нации» черты устойчивого образования как общности.[14]

Следует отметить, что члены этих групп не существуют

14) Хан В.С. Корейское международное сообщество: Утопия или перспектива? Известия корееведения в Центральной Азии . 2005 , №1 – 2 (10) . С. 188-197.

изолированно друг от друга, да и местное население не делает фактически никаких различий между корейцем, приехавшим с Сахалина, из Средней Азии или других регионов постсоветского пространства, что приводит к формированию чувства общности с другими группами и объединению групп именно по этническому признаку.

Таким образом, в корейских этнических группах наблюдается тенденция к конструированию общин, в которые входят представители всех трех вышеназванных групп, а существенное влияние на процесс формирования идентичности и ее конечную конфигурацию осуществляет уже регион нынешнего проживания и его социально-политические условия.[15]

В нашем исследовании, как уже говорилось выше, мы выясняем особенности этнической идентичности корейцев, проживающих на территории УФО и СФО.

Основными критериями этнической идентичности, как уже говорилось, являются язык, культура, традиции, религия, общность происхождения, общее историческое прошлое и т.д., благодаря развитию и укреплению которых развивается этническая идентичность. Опираясь на эти критерии, мы сможем рассмотреть и наше молодое

---

15) Этническая идентичность корейской общности, как фактор социокультурной интеграции [Электронный ресурс] URL: https://koryo-saram.ru/etnicheskaya-identichnost-korejskoj-obshhnosti-kak-faktor-sotsiokulturnoj-integratsii/ Дата обращения 20.11.2019

поколение, и понять, что для них является первостепенным.

Большинство опрошенных корейцев полностью «русифицированы», ассимилированы, говорят на русском языке, не знают родного языка и почти не соблюдают корейские традиции, но продолжают соотносить себя с корейским этносом с точки зрения происхождения, и хотели бы побывать в Корее, хотя бы как туристы. Это говорит о том, что, не смотря на забытые традиции, корейцы продолжают чтить память своих предков, и заинтересованы в сохранении своей культуры на территории России. Однако, практически 70% опрошенных не могут ответить на вопрос Северная или Южная Корея является для их предков страной исхода и соответственно о туристической поездке именно в Южную Корею говорит большинство.

Спецификой этнической идентичности является тенденция к межэтнической интеграции и заключается в повышенной индивидуальной чувствительности к внешним социальным изменениям и готовности следовать тенденциям современных процессов аккультурации, кроме того мы понимаем, что молодежь определяет и будет определять направление развития межэтнических отношений в дальнейшем.

В контексте нашего исследования значимым представляется анализ особенностей этнической идентичности корейской молодежи, которые вместе со своими родителями уже добровольно переселялись из Казахстана и республик Средней Азии после распада СССР или родились на территории России и теперь проживают на территории рассматриваемых округов.

На постсоветском пространстве проявились новые тенденции расселения корейцев по территории России. Так, большая часть корейского населения страны (около 40%) оказалась сосредоточена на территории Дальневосточный федеральный округ (ДФО). Однако, начиная с переписи 1959 г., идет тенденция к его уменьшению на территории ДФО (1959 г. – 68 140 человек, 1970 г. – 66 868, 1979 г. – 54 921, 1989 г. – 56 321, 2002 г. – 61 946, 2010 г. – 56 973).[16]

Вторым по привлекательности стал Юг России и Нижнее Поволжье, где в настоящее время сосредоточено более четверти от общей численности российских корейцев, по данным переписи 2002 г. в Южном Федеральном округе (ЮФО) проживало 39 031 человек корейской национальности, а 2010 г. - 27 640 человек.[17]

---

16) Итоги переписи населения СССР 1989 г. [Электронный ресурс] URL: http://istmat.info/files/uploads/17594/naselenie_sssr._po_dannym_vsesoyuznoy_perepisi_naseleniya_1989g.pdf Дата обращения 24.10.2017. Всероссийская перепись населения 2002 г. [Электронный ресурс] URL: www.perepis2002.ru Дата обращения 24.10.2017. Всероссийская перепись населения 2010 г. [Электронный ресурс] URL: www.perepis2010.ru Дата обращения 24.10.2017.

17) Всероссийская перепись населения 2002 г. [Электронный ресурс] URL: www.perepis2002.ru Дата обращения 24.10.2017. Всероссийская

Столичные регионы так же являются особо привлекательным для наиболее социально и экономически активной части корейской общности России. В 2010 г. в г. Москве и в Московской области было зарегистрировано 15 320 человек корейской национальности, в г. Санкт-Петербурге и Ленинградской области 5 153 человек, в общей сложности 20 473 корейца, что составляет чуть больше 13% всех российских корейцев. Для остальных регионов России характерно мелкодисперсное расселение корейского населения - по данным переписи населения 2010 г., примерно четверть всей российской диаспоры расселена небольшими группами в небольших городах и областных центрах.

Что касается корейских общностей в Сибирском федеральном округе (СФО) и Уральский федеральный округ (УФО), то они занимают незначительное место по численности: СФО — 11 193 человек, УФО – 3805 человек. Но, несмотря на свою малочисленность и дисперсное расселение, как и в других регионах России, переживают период национально-культурного возрождения.

Таким образом, мы видим, что современная корейская общность расселяется на территориях, имеющих существенные природно-климатические и социально-экономические различия и географически удаленные друг

<hr>

перепись населения 2010 г. [Электронный ресурс] URL: www.perepis2010.ru Дата обращения 24.10.2017.

от друга. И, под воздействием конкретных общественных и культурных потребностей будет меняться их этническая идентичность, а при анализе процессов, происходящих внутри корейской общности любого региона с различным национальным составом, особенностями экономического развития, возможностями трудовой занятости, воздействием природных и иных условий, мы будем наблюдать формирование особых региональных этнических групп корейцев, имеющих каждая свои особенности.

Некоторые предварительные наблюдения и выборочные исследования указывают на складывание корейского населения с собственной региональной спецификой.

В 2017-2018 гг. было проведено эмпирическое исследование этнической идентичности российских корейцев, проживающих в УФО и СФО. Цель исследования состояла в определении стратегии аккультурации и потребности российских корейцев в сохранении чувства принадлежности к корейскому этносу. Было опрошено 157 человек, проживающих в данный момент в регионах, в возрасте от 14 до 40 лет с помощью формализованного интервью и глубинного биографического интервью.

В ходе исследования были получены результаты, которые являются достаточно информативными, но требующие доработки в силу ограниченности выборки и большого разброса в возрасте.

Подавляющее большинство опрошенных — это выходцы из Средней Азии и Казахстана и незначительная часть приехавших на территории округов из других регионов России (Дальний Восток, Волгоградская область, Краснодарский край), что касается опрошенных в возрасте от 14 до 20, то большинство из них уже родились на территории СФО и УФО.

Историю переселения своей семьи из Кореи на территорию России, не знают точно практически 95% опрошенных, так как никогда этим не интересовались и только около 4,5% опрошенных изучают историю своей семьи (или что-то о ней знают) и интересуются историей корейского этноса в целом. Опрошенные старше 25 лет могут рассказать, как их семья переезжала из Средней Азии и Казахстана в Россию, как адаптировались в постсоветской России их семьи, при этом большинство ссылались на воспоминания своих родителей.

Это кризисное явление следует рассматривать как утрату семейных традиций, которая проявляется в отсутствии выраженного интереса к родовой и семейной истории.

Что касается традиций, то большинство проживающих в регионе соблюдают только некоторые традиции и национальные праздники. В большей степени традиции сохранили выходцы из Средней Азии, где они проживали достаточно компактно, а те молодые люди, кто родился в регионе, и проживают в нуклеарных семьях без старшего поколения, практически не помнят и не соблюдают традиций. Особенно ярко это выражено в Ханты-Мансийском и Ямало-Ненецком Автономных округах, так как здесь отсутствуют объединения корейцев и какие бы то ни было центры по сохранению культуры традиций. Меньше эта тенденция наблюдается в больших городах УФО, таких как Челябинск, Тюмень, Екатеринбург и др., так как те национальные объединения, что там действуют, стараются привлекать молодежь и приобщать их к культуре и традициям.

Большинство опрошенных считают, что сохранение обычаев и традиций связано с присутствием в семье пожилых корейцев, которых в семьях ХМАО и ЯНАО практически нет.

Среди корейских праздников, наиболее популярным назвали корейский Новый год по восточному календарю. Среди наиболее значимых российских праздников были названы Новый год, 8 марта, 23 февраля, День победы, дни рождения. В основном информанты отмечают российские праздники и тем не менее, в опрошенных корейских семьях удаётся сохранять некоторые элементы корейской культуры.

Например, празднование Асянди (Толь (кор. 돌)) — празднование года со дня рождения корейского ребёнка. Асянди (ударение на последний слог) — это национальный корейский праздник, да что там говорить — один из важнейших традиционных праздников в жизни Корейцев. Таких важных праздников, на которых корейцу его ближайшие родственники накрывают особый «стол», который он должен от них «принять», три: 1) Асянди (годик; по-корейски "А"-ребенок, "сянди"-день рождения), 2) Свадьба и 3) Ха́нгаби (юбилей 60 лет).

На фото представлено празднование 1 года жизни в семье Яны Ким г. Ханты-Мансийск. На торжестве были использованы корейские традиционные обряды, несмотря на смешанную семью (муж Яны белорусс).

Праздник «Асянди»! 1 годик Катерине!

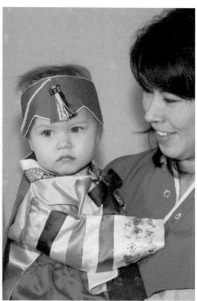

Это семья Инны Завриной (Ким)[18] г. Челябинск, на праздновании 1 года жизни сына Алексея и дочери Катерины. Несмотря на то, что муж у Инны русский, некоторые корейские традиции в семье сохраняются.

60-летний юбилеи, Это семья Инны Завриной (Ким)[19] г. Челябинск, на праздновании 60-ти летнего юбилея ее матери **Розы Завриной-Ким.**

В свадебных торжествах так же присутствуют элементы корейских обычаев проведения свадьбы. Некоторые вспомнили Родительский день, который бывает три раза в году: весной, осенью и зимой.

---

18) Инна Заврина [Электронный ресурс] Режим доступа https://vklist.ru/ user/uid10465133 Дата обращения 03.08.2020

19) Инна Заврина [Электронный ресурс] Режим доступа https://vklist.ru/ user/uid10465133 Дата обращения 03.08.2020

Что касается языка, то из всех опрошенных язык знают всего 7 человек. Следует отметить, что это молодежь от 15 до 20 лет выучившая на курсах южнокорейский вариант «хангук маль», который значительно отличается от языка российских корейцев «корё мар». Владение «корё мар» имеет значение для сохранения традиций и национального самосознания, а овладение южнокорейским вариантом является средством модернизации российской корейской этнической группы.

Язык повсеместно считается одним из основных факторов, способствующих сохранению этнической идентичности, и что касается корейского языка, то это здесь имеется в виду, скорее символическое знание языка, а не его фактическое употребление в быту, как например татарского, узбекского и др.

Поскольку язык является отражением менталитета, характерных для национальной культуры взаимоотношений между людьми, корейская общественность в России и в других бывших советских республиках, где проживают корейцы, бьет тревогу по поводу утраты языка и призывает к его возрождению.

Следует отметить, что значительное число российских корейцев, не владеющих корейским языком, в том числе и в рассматриваемых регионах, исключает себя из корейской этнической группы. Они определяют себя: - «Я кореец», но родным языком называют русский.

Таким образом, можно сделать вывод, что для собственной этнической идентификации более важным компонентом становится не язык, а например кровное родство, антропологическое своеобразие, общие традиции, кухня, и др.

Кроме того, с первого дня переселения на территорию России, корейцы понимали необходимость в овладении русским языком, для дальнейшей успешной интеграции и получения определенных социальных и экономических преимуществ, перед теми, кто не им владел. В результате чего, со временем корейский язык оказался фактически невостребованным вне сферы бытового (семейного) общения.

В настоящее время, несмотря на открытие различных курсов по изучению корейского языка, и корейских отделений в вузах, в основном в регионах, где корейцы проживают, реальная сфера применения корейского языка очень ограничена и не дает стимула к его изучению.

На курсах по изучению корейского языка готовы заниматься 45% опрошенных; направить своих детей 30%; чуть меньше 10% считают, что потребности в знании корейского языка в современной жизни нет; затруднились с ответом 15%. Что касается «корё мар», то он совсем не сохранился в среде молодежи. На нем говорило только старшее поколение, однако со своими детьми они говорили на корейском языке достаточно редко, а с внуками общались в основном на русском языке. В школе все российские корейцы обучались на русском языке, и необходимость учить корейский язык отпадала. В результате, большинство опрошенных понимает только некоторые слова, но говорить по-корейски не может. Но, несмотря на это, специфика этнического самосознания отражена в представлениях о признаках родства со своим народом. И как было отмечено выше, у корейцев наиболее значимыми являются: обычаи, обряды, традиции, внешность, язык и черты характера, культура. Таким образом, язык выступает как важный этнодифференцирующий признак у молодых корейцев, практически не владеющих родным языком, и имеет символическую функцию единства со своим народом.

Интересна еще одна тенденция, касающаяся языка. Языком больше интересуются и изучают на курсах представители других национальностей (русские, татары, немцы и др.), а корейская молодежь выбирает не корейский, а китайский, например. Так в центре «CLEVER» Югорского государственного университета обучается 15 человек корейской национальности и из них только 1 посещает курсы корейского языка, а в двух группах изучают язык всего 12 человек.

Небольшая часть группы изучающей корейский язык в языковом центре «Clever» г. Ханты-Мансийск Югорский государственный университет. Получили посылку от партнеров из Сувонского университета.[20]

---

20) Из личного архива Закировой (Фаттаховой) Е.Н.

На фото представлена одна из групп изучающих корейский язык в г. Челябинск в Клубе любителей иностранных языков Language GURU, как мы можем видить представителей корейской национальности здесь тоже практическиw нет.[21]

Занятия корейского языка в «Центре Развития и Поддержки Корейской Культуры» г. Уфа

21) Курсы корейского языка в Челябинске. Первая школа корейского языка в Челябинске [Электронный ресурс] URL: https://vk.com/korean_chelyabinsk Дата обращения 18.01.2019

Большинство опрошенных, сохраняют традиции корейской кухни, и изредка готовят блюда корейской кухни. В большинстве случаев респонденты сочетают элементы корейской кухни с русской, украинской, японской, узбекской, казахской и др. Из любимых корейских блюд чаще всего были названы куксу, кимчи, хе, пулькоги. Сейчас во многих больших городах открыты рестораны и кафе с корейской кухней, где любят проводить время местные корейцы и не только.[22]

г. Тюмень. Корейский Ресторан.

В рассматриваемых регионах представители корейской

22) Екатеринбург http://seul-rest.com/ ; Тюмень https://тюмень.каннам. рф/; Челябинск https://vk.com/club56988871 Дата обращения 18.01.2019

молодежи чаще взаимодействуют с русскими и представителями других национальностей, чем с представителями своей этнической группы, так как проживают в городах разрозненно и не так часто посещают мероприятия, организованные корейскими центрами. Чаще всего встречаются представители корейской национальности на таких праздниках, как корейский Новый год, корейские концерты, в которых сами и участвуют.

Тюменские корейцы на Новый год Сололь 2015

Однако, в условиях дисперсного расселения желание сохранения этнической идентификации как объединяющего группу фактора, неоспорима. Среди опрошенных корейцев не наблюдается стремления к увеличению социокультурной дистанции, к моноэтническому социальному общению, к минимизации контактов с иноэтнической средой, они достаточно контактны и интегрированы в местный социум. А для сохранения энической идентичности молодым корейцам необходим контакт с представителями своей национальности.

Молодые корейцы Томска отмечают День национальной культуры

Широко распространены смешанные браки среди опрошенных, их родственников и знакомых. В своем отношении к смешанным бракам корейцы Сибири и Урала в целом проявляют значительную степень толерантности.

Более трети опрошенных происходят из смешанных семей. Корейцы связывают свою судьбу с представителями разных национальностей, среди них были названы русские, украинцы, татары, казахи и узбеки, один немец и одна калмычка.

Для большинства опрошенных национальность не имеет никакого значения, хотя некоторые признались, что были бы рады, если бы их дети вступили в брак с корейцем, даже в смешанных семьях. Чаще такая инициатива исходит от женщин и это вполне понятно и обусловлено, прежде всего, этнокультурными мотивами: действительно, именно в семейных отношениях актуализируются чужие обычаи, манера самовыражения, традиции и ее благоприятный социально-психологический фон напрямую зависит от общности стиля жизни и форм поведения отдельных членов семьи. В целом закрытость в сфере брачно-семейных отношений представляется закономерной, так как способствует

Яны Ким г. Ханты-Мансийск. Муж беларус.

сохранению этноса, препятствует размыванию границ, отделяющих один народ от другого.

В целом в регионе и России тенденция к сохранению моноэтничности корейских семей сохраняется, хотя и не в жесткой форме. Основная часть семей корейцев является моноэтничными, т.е. чисто корейскими. Около 24% опрошенных считает правильным ограничивать как добрачные, так и брачные отношения корейской молодежи своим этническим кругом, а 33% за то, что в добрачных отношениях национальность не имеет никакого значения, но при этом браки должны заключаться только между корейцами.

Большинство опрошенных состоят в браке — 60%, в разводе — 2%, большинство из них типичные в европейском понимании полные нуклеарные семьи, где присутствуют два поколения (родители и дети).

Большая часть участвовавших в опросе корейцев имеет собственное жилье: дом (42%), квартиру в собственности (22%), квартиру по социальному найму (18%) и пользуется съемным жильем (18%).

Количество совместно проживающих членов семьи колеблется от 1 человека до 6 человек, наиболее типична семья состоит из 3 - 4 человек это родители и дети, редко, но все же встречаются семьи в которых проживают дедушки и бабушки (среди опрошенных всего 18 семей), что указывает на то, что традиционная именно для российских корейцев многопоколенная семейная структура практически исчезла, по крайней мере, в указанных регионах.

Современная корейская типичная семья имеет в среднем 2 ребенка, однако, много молодых семей с тремя детьми (но эта тенденция наблюдается повсеместно и не зависит от национальности).

Многодетная мама, бизнес-леди Ольга Ким со своей семьей г. Тюмень

Чем старше опрошенные корейцы, тем больше в среднем детей рождено в их семьях. Среди опрошенных семей возраста 35-40 лет имеют двоих детей около 30%.

Среди семей, имеющих в настоящий момент только одного ребенка, больше половины (58%) составляет возрастная группа до 35 лет. Семей, родивших и воспитавших троих детей, больше всего опрошенных старше 40 лет.

По данным, полученным в ходе опроса, родители опрашиваемых имели в среднем 5 детей. В семьях молодых корейцев мальчиков до 18 лет чуть больше (52%), чем девочек (48%) того же возраста. Среднее количество как мальчиков, так и девочек, рожденных в современных молодых корейских семьях, равняется 1 человеку.

Таким образом, тенденции воспроизводства выявляют закономерность - чем моложе опрашиваемые, тем менее многодетными являются семьи их родителей.

Кроме того, современные корейские семьи отличаются от традиционных тем, что женщины в них более свободны от норм и обычаев прошлого и экономически независимы. Однако, различия в моральном самосознании корейских девушек и корейских юношей показывают, что воспитание в современных корейских семьях остается дифференцированным по половому признаку: девочек воспитывают строже в моральном отношении, чем мальчиков.

Уровень образования опрошенных корейцев соответствует средним показателям: высшее и незаконченное высшее образование имеют 30%, среднее специальное 18%, среднее полное, 33%, неполное среднее и начальное 12%, 7% не ответили на поставленный вопрос. В опросных листах были указаны разнообразные специальности, которыми уже владеет молодежь или только собирается овладеть, небольшая часть, всего 13% опрошенных были заняты в сельском хозяйстве, в то время как на юге страны и на Дальнем востоке корейцы заняты именно земледелием и большинство проживает в сельской местности.

Религия, с одной стороны, может поддерживать чувство этнической идентичности, а с другой, может его разрушать. Христианизация корейской общности началась практически в первые годы их переселения в Россию, несмотря на это, она существенно не затронула мироощущения и менталитета корейцев. Они выбрали нейтральную позицию по отношению, как к религии, так и к государственной идеологии, а в семейно-бытовой сфере продолжали и продолжают до настоящего времени придерживаться этики конфуцианства и обрядовой практики, в основе которой лежат традиционные верования.

Среди российских корейцев в последние два десятилетия большой интерес вызывают южнокорейские протестантские миссионерские организации, активно использующие национальные чувства прихожан на фоне роста национального самосознания. При церквах открываются курсы корейского языка, которые могут использоваться и для религиозной пропаганды, так как преподавателями там часто являются пасторы или активные прихожане. Через эти организации корейская молодежь, например, может посетить Республику Корея или получить благотворительную помощь. По окончании службы организуются чаепития, по праздникам – выезды на природу. В церквах, где значительное число прихожан составляют корейцы, практикуется исполнение религиозных гимнов, как на русском, так и на корейском языках. Несмотря на то, что многие не понимают смысла написанного и не всегда могут даже прочитать текст, это привлекает людей.[23]

Такие организации, представляют собой религиозные общины с определенной степенью самоуправления и разработанной структурой где, организуются молодежные и детские группы, для привлечения детей и молодежи.

Все это способствует пробуждению этнического самосознания, повышению интереса к своей культуре,

---

[23] Ковальчук Ю. С. Корейский протестантизм и особенности его миссионерских практик в азиатской части Российской Федерации в конце XX - начале XXI вв.: по материалам этноконфессиональных исследований автореферат диссертации на соискание степени кандидата исторических наук по ВАК РФ 07.00.07. Новосибирск , 2006.

ценности общения с соплеменниками. Корейцы приходят в церковь за поддержкой, которую надеются получить не только от Высших сил, но и от религиозной общины, способной оказать моральную поддержку, психологическую и материальную помощь, чего этническая группа, по мнению индивида, не всегда в состоянии ему предоставить. Поэтому принадлежность к религиозной общине при определенных обстоятельствах в ситуации самоидентификации может оказаться для человека важнее принадлежности к этнической группе.

Религиозная принадлежность при определении этнической идентичности выполняет интегрирующую, дезинтегрирующую, контролирующую и регулятивную. В нашем случае больше интегрирующую, так как доля корейцев, причисляющих себя к верующим, составляет примерно 30% всех опрошенных, большинство из них отнесли себя к «христианству», была супружеская пара, относящая себя к буддистам (жена 24 года, супруг 27 лет).

На наш взгляд, этническая группа, вынужденная развиваться в условиях резких и неоднократных изменений среды функционирования, включая географические и климатические перемещения, связанные с необходимостью экономической перестройки и социально-психологической адаптации к социально и этнически инородному окружению, имеет основания для пересмотра собственной идентичности.

Для молодых корейцев, выросших в многонациональной среде рассматриваемых регионов, этнические ценности размыты на столько, что национальность признаваемая старшими поколениями высшей ценностью в жизни человека, перестает для молодежи быть таковой. И, несмотря на то, что открытой дискриминации корейцы не подвергаются (не многие молодые корейцы (9%) подтвердили присутствие насмешек), молодые люди переживают противоречивые чувства по поводу своей национальной принадлежности, с одной стороны это преобладание позитивных эмоций (гордости, родства со своим народом), с другой имеются признаки нарушения этнической самоидентификации, проявляющиеся в переживании негативных этнических эмоций (стыда), напряженности по отношению к своим антропологическим признакам (в основном у девушек); по отношению к незнанию родного языка и недостаточном соблюдении национальных обычаев и традиций.

Несмотря на это этническая идентичность как осознание принадлежности к корейской этносоциальной общности имеет большое значение для корейцев региона, так более 50% опрошенных признают национальную принадлежность как высшую ценность и гордятся своей национальностью, что указывает на отсутствие комплекса этнической неполноценности.

Анализ имен корейской молодежи показал, что все они носят имена, типичные для России. Фамилии по-прежнему сохраняют корейские. У молодых корейцев выявлена традиция сохранения и соблюдения «Пона» - родового имени, принадлежности к роду, семейному клану. Таким образом, в современном имянаречении корейцев набюдается смешение культурных традиций.

Таким образом, корейская общность, проживающая на территории УФО и СФО, развивается как успешно интегрирующаяся этносоциальная и этнокультурная группа, имеющая в целом позитивную этническую идентичность.

Корейский этнос, проживающий на постсоветском пространстве характеризуется смешением компонентов традиционной корейской, русской, советской, среднеазиатской и европейской культур, показывает высокий уровень адаптивности и способности к обновлению.

В целом, по результатам проведённого исследования можно сделать вывод о том, что этническая идентичность российских корейцев довольно слабая. Они развиваются по пути этнической интеграции (имеющей позитивную направленность), которая является самой оптимальной стратегией аккультурации в принимающем обществе. Устанавливая тесные связи с доминирующей российской культурой, они сохраняют частично элементы своей культуры и остаются самостоятельным субъектом межэтнического взаимодействия. Несмотря на господствующее положение русской культуры в среде корейцев, они стараются не потерять то, что им передалось через поколения, то есть сохранить свою особую этническую идентичность.

Глава 3

Создание и функционирование корейских общественных организаций на территории Западной Сибири и Урала (конец XX в. - начало XXI в.)

Несомненно, что любая миграция приводит к значительным переменам в традиционной культуре, системе ценностей и других сторонах образа жизни иммигрантов, не стали исключением и «корё сарам». Однако, присутствие значительного числа корейцев такк же оказало определенное влияние на культуру, образование, демографическую ситуацию, на экономическую и политическую жизнь России, социальные службы, на межгрупповые (межэтнические) отношения в местах их размещения.

Рассмотрение влияния корейцев - иммигрантов на внутреннее состояние принимающего общества позволит показать, как менялись отношения между корейцами и другими национальными группами, какого общественного и юридического статуса смогли достичь члены корейской общности в России, какие факторы им в этом способствовали или препятствовали.

Здесь мы рассмотрим роль «коре сарам» в общественно-политической и культурной жизни нашей страны, и их политизацию как этнической группы.

Политизация этнической группы корейцев выражается в повышенной активности в сфере гражданской жизни, в создании как легальных, так и нелегальных общественных, культурных и политических организаций. Появление таких организаций – несомненный факт внутренней самоорганизации этнической группы даже, если их установки и конечные цели не отвечают умонастроениям группы в целом.[1] Подобные организации в условиях бытия корейской диаспоры являются показателем укрепления корейских национальных управленческих структур, которые берут на себя функции замещения отсутствующих легитимных органов.

---

1) Илларионова Т.С. Этническая группа: генезис и проблема самоидентификации (теория диаспоры). М., 1994. С. 67.

Общественные организации, появляются тогда, когда происходит основное накопление и структурирование переселенческой группы. Возникающие новые социальные группы строятся на основе деловых отношений, удовлетворения культурных и духовных запросов мигрантов.

При расселении в России корейцы предпочитали размещаться дисперсно или малыми группами, параллельно образуя, несколько союзов, объединений, обществ. При этом может быть различной не только их целевая ориентация, но и политическая платформа.

Корейское общественное движение на территории России имело свои особенности, причины возникновения общественных организаций были связаны не только с процессами общественного движения в российском обществе, но и с вопросами вынужденной эмиграции корейцев из колониальной Кореи, с судьбами людей, сражавшихся за освобождение своей Родины.

Из-за политических и экономических изменений, происходивших в Корее в начале XX в., в годы протектората, так же после аннексии значительно изменился состав корейских эмигрантов. Вместе с крестьянскими семьями границу стали переходить политические эмигранты, а также отряды Армии справедливости («Ыйбён»). В 1907 г. после роспуска корейской армии, в Приморье уходили солдаты и офицеры. Крупные отряды партизан дислоцировались на пограничных русских землях, совершая налеты на японские части в северных провинциях.[2]

Первые общественные корейские организации появились в России в начале XX в.[3] Основными районами их действия стали Приморская и Амурская области Приамурского генерал-губернаторства, где к 1910 г. проживало около 60 тыс. этнических корейцев. Владивосток стал центром корейской эмиграции, где образовался район, еще с конца XIX в. получивший название «корейская слободка».[4]

Общественная деятельность корейских организаций на территории России до депортации 1937 г. имела свои особенности. Причины возникновения этих организаций были связаны не только с процессами общественного движения в российском обществе, но и с вопросами вынужденной эмиграции корейцев из колониальной Кореи, с судьбами людей, сражавшихся за освобождение своей

---

2) Пак Б. Д. Корейцы в Российской империи. М., 1993. С. 172 – 182.

3) Фаттахова Е.Н. Основные направления деятельности корейских общественных организаций на территории России в XX веке//Грани: материалы науч. конф. ФИСМО. Краснодар, 2002 С.188-194.

4) «Корейская слободка» первоначально находилась на болотистых участках Семеновского покоса, куда корейцы были частично выселены в начале 1876 г. с первого Владивостокского базара. Расцвет слободки пришелся на 1901-1902 гг. К 1910 г. там проживало около 9–10 тыс. корейцев. [Электронный ресурс] URL: http://vl.ru/history/6.htm Дата обращения 12.10.2017.

Родины от японского владычества.[5]

В конце 80-х – начале 90-х гг. XX в., после почти 70-летнего перерыва, стали возникать новые корейские общественные объединения на пространстве от Камчатской области до Республики Дагестан. Главной целью новых общественных корейских организаций (движений) стало решение не только политических, но и социальных задач. Объединение граждан Российской Федерации корейской национальности происходило на основе возрождения национальной корейской культуры, пробуждения национального самосознания, языкового строительства, просвещения, активного содействия укреплению дружбы и взаимопонимания между народами, оказания материальной помощи корейскому населению, развития народно-художественных промыслов, средств информации на корейском языке, подготовки кадров.

Так, еще до распада СССР одним из первых в 1989 г. в Хабаровском крае было зарегистрировано региональное объединение корейцев «Единство»[6] (по Уставу – «общественная некоммерческая организация»). С самого начала своего существования это объединение наладило

---

[5] Фаттахова Е.Н. Корейские диаспоры в России и США: история, адаптация и интеграция (конец XIX-XX в.) специальность 07.00.03 - всеобщая история (новая и новейшая история) Дисс. на соискание уч. степени к.и.н., Краснодар 2004 С. 92-102.

[6] Ныне Хабаровская Краевая Общественная Организация Корейского Национально-Культурного Центра «Единство»

обучение корейцев родному языку. Действующим при общественном объединении Комитетом разрозненных семей было организовано посещение российскими корейцами Республики Корея и КНДР для встречи с родственниками. Проводились и проводятся встречи с бизнесменами, государственными деятелями, артистами, работниками посольств, консульств, организуются группы по изучению истории Кореи, проводятся семинары по проблемам объединения Севера и Юга Кореи и т.п. [7]

Подобная работа характерна и для других региональных общественных корейских объединений. Однако о едином движении корейцев за возрождение национальной культуры можно говорить, начиная лишь с 19 марта 1990 г. когда в Москве состоялся Учредительный съезд советских корейцев, создавший Всесоюзную ассоциацию советских корейцев (ВАСК). С развалом СССР на 2-ом съезде ВАСК, состоявшемся 29 февраля 1992 г. в Алма-Ате, было решено принять в соответствии с новыми общественно-политическими реалиями новое название – Международная конфедерация корейских ассоциаций (МККА).[8]

Цели у ВАСК были те же, что и у региональных организаций.

---

[7] Бугай Н.Ф. Российские корейцы: новый поворот истории 90-е годы. М., 2000. С. 60-63.

[8] Ким Ен Ун. Из жизни международной конфедерации корейских ассоциаций // Актуальные проблемы российского востоковедения. – Москва, 1994. – С. 154.

Главной целью руководство ВАСК ставило разработку общесоюзной и региональных программ по возрождению языка и национальной культуры корейцев, в которой предусматривалось бы преподавание корейского языка в школах и высших учебных заведениях, подготовка преподавательских кадров, создание научных центров по изучению культуры корейцев. Деятельность ВАСК планировалось направить на сотрудничество с Республикой Корея и поддержание ее усилий по объединения страны.

Одним из руководителей ВАСК стал **Хо Дин (Хо Ун Пэ)** (1928-1997) первый президент Московского международного (корейского) университета (1995 г.). За большой вклад в возрождение корейской нации, упрочение российско-корейской дружбы и сотрудничества Указом Президента Республики Корея Хо Ун Пэ был награжден орденом «Процветание».[9]

При содействии бывшего депутата Верховного Совета СССР Ким Ен Уна[10] в 1992 г. в Москве была создана

---

9) https://koryo-saram.ru/o-pervoj-v-mirovoj-literature-popytke-politicheskoj-biografii-kim-ir-sena/ . Дата обращения 04.11.2017.

10) Ким Ен Ун (Ким Евгений Евгеньевич) Родился 18 августа 1941 г. в Шахтерске Сахалинской обл. в семье рабочего. В 1965 г. окончил исторический факультет Иркутского университета. Кандидат философских наук (1973), доцент (1977). Старший научный сотрудник ЦКИ ИДВ РАН (2003-2008), ведущий научный сотрудник ЦКИ ИДВ РАН (с 2008 г.). По совместительству – доцент НИУ Высшая школа экономики при Правительстве РФ (с 2013 г.). Член правления Международной ассоциации исследований хилбин (г. Сеул).Автор более 150 научных публикаций. [Электронный ресурс] URL: https://

Международная конфедерация корейских ассоциаций (МККА). В сферу компетентности МККА входят задачи урегулирования различных вопросов, связанных с национально-культурным объединением корейцев СНГ.

Ассоциация российских корейцев (АРК), была создана московской группой корейцев в октябре 1991 г., а 15 января 1992 г. зарегистрирована Министерством юстиции Российской Федерации. Главой организации стал Алексей Семёнович Шин (1930-2014).[11] В июле 1993 г. состоялся Объединенный съезд АКР, на котором был избраны новые руководители организации, новый президент Ассоциации корейцев России **Олег Алексеевич Ли**[12] (Москва). Вице-президентами стали Евгений Николаевич Ким,[13] Николай

koreanradio.info/the-historical-role-of-the-resolution-on-the-rehabilitation-of-russian-koreans/. Дата обращения 23.08.2020.

11) Шин, Алексей Семёнович — советский, российский ученый-востоковед, общественный деятель. профессор, доктор исторических наук Ветеран труда, ветеран Великой течественной войны, Президент Московской ассоциации советских корейцев (1990 - 1991 гг.) Основатель и первый Президент Ассоциации корейцев России (1991 - 1993 гг.) [Электронный ресурс] URL: http://www.ahnshik.ru/index/biografija/0-18 Дата обращения 22.08.2020.

12) Ли Олег. Воспоминания ветерана корейского общественного движения // [Электронный ресурс] URL: http://www.arirang.ru/news/2013/ 13042.htm Дата обращения 22.11.2017

13) Ким Евгений Николаевич родился в 1946 г. Окончил Дальневосточный политехнический институт. С 1969 г. работал на Ульяновском заводе тяжелых и уникальных станков, начальник отдела конструкторского бюро. Народный депутат РФ (1990–1993), был членом Комитета Верховного Совета РСФСР по промышленности и энергетике, одним из создателей и координаторов фракции «Демократическая Россия». Администрация Президента Российской Федерации, советник. Место жительства г. Москва (с 1999).

Валентиновин Ким[14] (Северный Кавказ), Ким Хон Ди Виктор Николаевич[15] (Сахалин). Организация стремилась придерживаться нейтралитета в отношении объединения двух государств на Корейском полуострове, не принимая откровенно ничьей позиции. В этом вопросе они обвиняют ВАСК в излишней приверженности южнокорейским принципам объединения страны. Также АКР с осторожностью относится к вопросу о предоставлении корейской диаспоре национально-культурной автономии в Посьетском районе.

Ассоциация корейцев России являлась одной из наиболее мощных и активных национальных объединений. АКР

---

14) Ким Н. В. родился в Узбекистане. Он стоял у истоков создания Ассоциации содействия объединению Кореи (АСОК), активно участвовал в деятельности Всесоюзной ассоциации советских корейцев (ВАСК), был учредителем и одним из активных руководителей Ассоциации корейцев России (АКР) в начале 90-х гг. По его инициативе на Северном Кавказе возникло единственное в то время – межрегиональное объединение «Корейская ассоциация Северного Кавказа» (КАСК), входившее в состав объединенной АКР. В октябре 1996 г. на учредительном съезде Федеральной национально-культурной автономией российских корейцев (ФНКА РК) Н. В. Ким был избран вице-президентом этой авторитетной этнической организации, заместителем (и официальным помощником) депутата Госдумы первых трех созывов Ю. М. Тена. Память о дорогом для нас Николае Валентиновиче Киме навсегда сохранится в наших сердцах! Памяти Николая Валентиновича Кима // Архив Газеты «Российские Корейцы». [Электронный ресурс] URL: http://www.arirang.ru/archive/rk/2005/09.2005/4.htm Дата обращения 16.08.2020.

15) Ким Хон Ди Виктор Николаевич до 2017 г. был Председателем общественной организации старейшин Сахалинских корейцев и в 2000-2001 гг. начальник управления жилищно - коммунального хозяйства администрации Сахалинской области Государственный архив Сахалинской области [Электронный ресурс] URL: https://www.giaso.ru/doc/ Дата обращения 16.08.2020.

подключала к своей деятельности региональные объединения корейцев Сахалина, Приморья, Хабаровска, Новосибирска, Томска, Кемерово, Екатеринбурга, Кирова, Нижнего Новгорода, Самары, Саратова, Волгограда, Санкт-Петербурга, Ростова-на-Дону, Ставрополя, Пятигорска и Краснодара. В 1994 г. АКР вошла в состав Конгресса национальных объединений России, президент АКР стал первым президентом Конгресса. Возглавляющий с 1993 по 1999 гг. АКР Олег Алексеевич Ли[16] был членом Комиссии по

---

16) Ли Олег Алексеевич – родился 19 августа 1946 г. в Казахстане в г. Кзыл-Орде (г. ызылорда). Закончил филологический факультет Дальневосточного пединститута. Служил в рядах Советской армии. В 1973 г. поступил в аспирантуру МГУ им. М.В. Ломоносова, где в 1977 г. защитил кандидатскую диссертацию. Работал преподавателем и доцентом в вузах Москвы и Харькова (Украина). В 1988 г. инициировал создание Харьковской корейской культурно-деловой ассоциации, затем в 1989 г. – Ассоциации корейцев Украины (АКУ). В 1990 г. был переведен на работу в г. Москву в ЗАО АПК «Москва» (руководитель Ю.М. Лужков), созданное для установления коммерческих взаимоотношений с фирмами Республики Корея. Активно участвовал в создании и функционировании Всесоюзной ассоциации советских корейцев в 1989-1991гг. В 1993-1999 г. возглавил Ассоциацию корейцев России (АКР). Был в числе инициаторов образования Федеральной национально-культурной автономии российских корейцев (ФНКА РК) в 1996 г. В 1997 г., в год 60-летия насильственного переселения корейцев из Дальнего Востока в Среднюю Азию и Казахстан организовал акцию «Поезд Памяти» по маршруту Владивосток – Алматы – Ташкент. В соответствии с уставом АКР сложил свои полномочия президента Ассоциации корейцев России и передал её новому руководителю Цо В.И. С 2008 и до февраля 2013 г. возглавлял Московское объединение корейцев. С 2002 г. на общественных началах работал в исполнительном директорате Сенаторского клуба Совета Федерации Федерального Собрания Российской Федерации. Был помощником 1-го вице-спикера Совета Федерации. Председатель президиума Конгресса национальных объединений России (КНОР) (1994-1996), председатель Московского отделения Общероссийского объединения корейцев (ООК) (2008-

правам человека и участвовал в работе Общественной палаты при Президенте России. С 1996 г. президент АКР был введен в состав Правительственной комиссии по делам национально-культурных автономий.[17] Тогда же был создан Клуб «Друзья Кореи», попечительский совет которого возглавляли заслуженный профессор МГУ, директор Международного центра корееведения МГУ им. М.В. Ломоносова **Михаил Николаевич Пак**,[18] бывший заместитель министра иностранных дел Александр Николаевич Панов[19] и генерал **Владимир Ильич Цай**.[20] Исполнительным директором

2013). Руководитель исполнительного органа Межнациональной секции Сенаторского клуба Совета Федерации Федерального Собрания РФ. К 70-летию Ли Олега Алексеевича// [Электронный ресурс] URL: https://koryo-saram.ru/k-70-letiyu-li-olega-alekseevicha/ Дата обращения 29.08.2020

17) Состав Консультативного совета по делам национально-культурных автономий при Правительстве Российской Федерации (утв. постановлением Правительства РФ от 18 декабря 1996 г. N 1517) [Электронный ресурс] URL: https://base.garant.ru/5219565/#block_2000 Дата обращения 29.08.2020.

18) Джарылгасинова Р.Ш. Пак Михаил Николавевич. Творческая Биография. [Электронный ресурс] URL: http://icfks-publishing.narod.ru/workers/Pak_M_N.htm Дата обращения 16.10.2017.

19) Панов, Александр Николаевич [Электронный ресурс] URL:: https://ru.wikipedia.org/wiki/Панов,_Александр_Николаевич Дата обращения 16.10.2017.

20) Цай Владимир Ильич – генерал-майор Российской Армии, доктор исторических наук, профессор своей работой внес заметный вклад в развитие российского корейского общественного движения, сочетая одновременно и руководство общественными организациями и занятие наукой. Министр регионального развития Российской Федерации В.А. Яковлев, обращаясь к генерал-майору В.И. Цай по случаю его 60-летия со дня рождения, отмечал: «За Вашими плечами пройденный путь от курсанта до генерал-майора Российской армии. Родина высоко оценила Ваш воинский долг, наградив орденами 'За

Клуба стал президент АКР **О. А. Ли.**[21]

16 января 1999 года на IV съезде Ассоциации корейцев России организация была преобразована в Общероссийское объединение корейцев (ООК),[22] которая стала правопреемником АКР, президентом которой был назначен **Василий Иванович Цо.**[23] Общероссийское объединение корейцев (ООК) зарегистрировано в качестве Общероссийской общественной организации в Министерстве юстиции РФ 15 июля 1999 года. Изменения и дополнения в Устав утверждены Минюстом 15 января 2004 года. ООК объединило 48

службу Родине в Вооруженных силах СССР', 'За военные заслуги', 'Мужества', медалью 'За боевые заслуги'».

21) К 70-летию Ли Олега Алексеевича// [Электронный ресурс] URL: https://koryo-saram.ru/k-70-letiyu-li-olega-alekseevicha/ Дата обращения 29.08.2020

22) Общероссийское объединение корейцев (ООК) [Электронный ресурс] URL: https://www.ook-media.ru/ Дата обращения 29.11.2017.

23) Цо Василий Иванович Член Совета при Президенте России по межнациональным отношениям, председатель Общероссийского объединения корейцев, был председателем подкомитета по торговле Верховного Совета Союза ССР. В январе 1999 г. В.И. Цо был избран президентом Общероссийского объединения корейцев, сделавший организацию одной из влиятельных в системе национальных общественных объединений в России. Род. 22.11.1950 г. в Андижанской обл. Узбекистана. Окончил Джамбулский технологический институт легкой промышленности. В 1978-1981 гг. – начальник отдела, главный инженер, директор Суфикишлакской ватной фабрики. В 1987 г. был назначен генеральным директором Ахунбабаевского ватно-производственного объединения. В 1989 г. избран депутатом Верховного Совета СССР и Председателем подкомиссии по торговле. С 1999 г. по настоящее время возглавляет Общероссийское объединение корейцев (ООК). Награждён орденом Дружбы (2004 г.) и Орденом Почета (2017 г.), государственным орденом Республики Корея Кунмин хундян. [Электронный ресурс] URL: https://www.ook-media.ru/ Дата обращения 12.08.2017.

региональных общественных организаций и объединений, в числе которых ассоциации, общества, местные и региональные национально-культурные автономии. II съезд ООК состоялся в Томске 25 мая 2003 года. Съезд избрал руководящие органы организации – президиум, координационный совет, консультативный совет. III съезд ООК прошел в Москве в 2008 году. IV съезд состоялся в Москве в 2013 году. V съезд был проведен в Крыму, г. Симферополь в 2018 году. Первый вице-президент ООК - **Цой Олег Григорьевич**.[24] Вице-президент по работе с региональными организациями - **Ким Олег Петрович**.[25] Вице-президент по экономическим вопросам - **Цой Герман Алексеевич**.[26]

ООК с 1999 г. является членом консультативного совета движения «Отечество», после слияния «Отечества» и

---

[24] Цой Олег Григорьевич родился 25 сентября 1944 г. С 1984 г. летчик-испытатель - заместитель начальника летно-испытательной и доводочной базы по летной работе акционерного общества «ОКБ Сухого». Указом Президента Российской Федерации от 16 апреля 1997 г. за мужество и героизм, проявленные при испытании специальной авиационной техники Цою О.Г. присвоено звание Героя Российской Федерации.

[25] Ким Олег Петрович родился 27 октября 1956 г. С 1993 г. занимается предпринимательской деятельностью. Руководит группой компаний «Макдэл». До 01.01.2018 г. являлся Председателем Томской национально-культурной автономии корейцев. [Электронный ресурс] URL: http://www.arirang.ru/news/2012/12094.htm Дата обращения 12.08.2020.

[26] Цой Герман Алексеевич родился 28 июля 1953 г. С 1992 г. является учредителем и президентом ЗАО «Гидромашсервис». Указом Президента РФ от 27 июня 2007 г. N 821 «О награждении государственными наградами Российской Федерации» награжден орденом Дружбы

«Единства» - входит в состав движения в качестве коллективного члена.[27)]

В 2002 г. ООК инициировало обращение в Правительство РФ о проведении в 2004 году мероприятий по празднованию 140-летия добровольного переселения корейцев в Россию. Соответствующее Распоряжение было подготовлено и утверждено председателем Правительства.

ООК с 1999 г. издает общероссийскую газету «Российские корейцы». На ее страницах в равной степени находит свое отражение жизнь российских корейцев как составной части российского общества, и вопросы укрепления отношений между Россией и КНДР, Россией и Республикой Кореей.

В 2014 г. были проведены праздничные мероприятия по 150-летию проживания корейцев в России. В течение 2014 г. во многих субъектах РФ состоялись празднования. Одним из ярких событий юбилейной даты был автопробег Москва-Алматы-Ташкент-Бишкек-Владивосток-Пхеньян-Сеул.[28)] Это уникальное мероприятие было согласовано на уровне высших руководителей Северной Кореи, Республики Корея и ООН.

ООК ведется постоянная работа по помощи в решении

---

27) Общероссийская общественная организация «Общероссийское объединение корейцев» (ООК). Официальный сайт. [Электронный ресурс] URL: https://www.ook-media.ru Дата обращения 12.08.2020.

28) Участники автопробега «Россия – Корея» прибыли в Новосибирск [Электронный ресурс] URL: https://koryo-saram.ru/uchastniki-avtoprobega-rossiya-koreya-pribyli-v-novosibirsk/ Дата обращения 12.08.2020.

проблем миграции русскоязычных корейцев из республик бывшего СССР, многие из которых, являясь специалистами-аграриями, поселяются в сельскохозяйственных регионах России. При непосредственном участии ООК создаются сельскохозяйственные производства в разных районах Новгородской, Тверской, Тульской, Волгоградской областей и др.

В отличие от АКР, другая Ассоциация – «Бомминрен» (Всенациональное объединение (корейское), ранее – Ассоциация содействия объединению Кореи (АСОК), организованная в 1993 г., придерживалась северокорейской позиции по вопросам объединения страны. Возглавил эту организацию **Геннадий Мунирович Ли.**[29] По отношению же

29) Геннадий Мунирович Ли родился 14 мая 1939 г. в Уштобе Каратальского р-на Талды-Курганской обл. КазССР. В 1958 г. окончил Политехнический институт им. Ким Чака в Пхеньяне. В 1968 г. окончил Московский станкоинструментальный институт по специальности «технология машиностроения». Г.М. Ли прошел путь от разнорабочего до зам. ген. дир. станкостроительного завода и нач. отд. Госснаба СССР. В 1960-1961гг. — разнорабочий треста № 1 Главгаза СССР. В 1962-1963 гг. — расточник Производственного объединения «Станкостроительный завод им. С. Орджоникидзе». В 1964-1968 гг. — техник-технолог, инженер-технолог, старший и ведущий инженер-технолог Станкостроительного завода им. С. Орджоникидзе. В 1968-1976 гг. — зам. нач. цеха, начальник цеха ПО «Станкостроительный завод им. С. Орджоникидзе». В 1976-1980 гг. — нач. производства, зам. ген. дир. Московского станкозавода «Станкоагрегат». В 1980-1991 гг. — нач. отд. Госснаба СССР. На производстве занимался освоением и выпуском новейших металлорежущих автоматический линий и обрабатывающих центров, практически в единственных экземплярах. В 1991 г. Г.М. Ли избран первым предс. Московской АСОК (Ассоциация содействия объединению Кореи). С 1993 г. — президент ассоциации «Бомниннрен» (правопреемник АСОКа), с 2002 г. — президент Международного союза общественных объединений

к территориальной форме автономии, а именно к созданию Посьетского корейского национального района, идеологи АСОК («Бомминрен») высказывались негативно.[30]

Распад Советского Союза существенно изменил положение корейцев. Они оказались гражданами различных государств, нарушилась целостность этнической общности. Большинство советских корейцев оказалось в среднеазиатских государствах, где они столкнулись с новыми политическими реалиями. Одной из главных проблем становится для корейцев проблема языка. Возникают проблемы экономического характера, так как традиционные занятия корейцев из-за структурных изменений рынка перестают давать существенную прибыль.

Часть корейцев видела выход из этой ситуации в возвращении в Россию. Важным событием в этой связи стало

корейцев «Единство». Является бессменным президентом обеих организаций. В 1995 г. выпустил в соавторстве монографию по проблемам современной Кореи — «Корея: расчленение, война, объединение» (Москва, Международный гуманитарный фонд «Знание», 1995). Награжден медалью Международной ассоциации фондов мира РФ, медалью «Ветеран труда», орденом Государственного Знамени 1-й степени КНДР, Орденом Труда КНДР, Золотой медалью «За объединение родины», пятикратно награжден ценными подарками Председателя Государственного комитета обороны КНДР Ким Чен Ира. Геннадию Мунировичу Ли — 65 ЛЕТ! [Электронный ресурс] URL: http://www.arirang.ru/news/2004/14.05.04.htm Дата обращения 02.09.2020 г.

30) Фаттахова Е. Н. Основные направления деятельности корейских общественных организаций на территории России в XX веке.// ГРАНИ 2002: Ежегодник ежегодник факультета истории, социологии и международных отношений. Краснодар, 2002. C.188-195.

в 1993 г. решение Верховного Совета России о реабилитации российских корейцев.

В настоящее время все больше и больше активизируется политическая, экономическая и культурная деятельность корейцев России, которые стремятся к возрождению ценностей своего народа и хотят интегрироваться в современное российское общество, а не эмигрировать в Республику Корея.

В настоящее время в Российской Федерации создана целая сеть региональных национальных организаций. Ассоциация корейцев России, о которой говорилось ранее, является одной из наиболее мощных и активных. АКР имеет региональные объединения корейцев в разных регионах РФ, входит в состав Конгресса национальных объединений России.

В 1996 г. Государственной думой РФ был принят закон «О национально-культурной автономии»,[31] к реализации которого приступили в полной мере только в конце 1997 г. Это привело к тому, что в России стали возникать корейские национально-культурные автономии на различном уровне — от местных, до федеральных. Начиная с 1996 г., на территории Российской Федерации были образованы 21 местная, 5

---

31) Федеральный закон «О национально-культурной автономии» от 17.06.1996 N 74-ФЗ (последняя редакция) // [Электронный ресурс] URL: http://www.consultant.ru/document/cons_doc_LAW_10722/ Дата обращения 02.10.2017 г.

региональных, одна федеральная национально-культурные корейские автономии.[32)] Одной из таких стала НКА Российских Корейцев, президентом которой стал депутат Госдумы Юрий Михайлович Тен.[33)]

Первая Федеральная национально-культурная автономия российских корейцев (ФНКА) была образована 19 октября 1996 г., а непосредственно свою деятельность начала – в марте 1998 г. [34)] – только через два года после выхода закона «О национально-культурной автономии». До мая 2009 г. ФНКА российских корейцев вела активную работу, проводила различные научно-практические конференции, международные конкурсы и др. Планировало создание дополнительных

32) Бугай Н. Ф. Российские корейцы: новый поворот истории. 90-е годы. М., 2000. С. 63.

33) Тен Юрий Михайлович 27 сентября 1951 г., Невельск, Сахалинская область, В 1978 г. окончил Иркутский политехнический институт по специальности «Горный инженер». Трудовую деятельность начинал простым рабочим. Затем стал начальником смены и участка на шахте «Тихвинская» Сахалинской области, старшим инженером НИИ «Иргиредмет» и Сибирского института физиологии и биохимии растений, старшим прорабом треста «Иркутсксельстрой», начальником участка треста «Агропромстрой». В 1989 году создал дорожно-строительный кооператив, который позже был преобразован в акционерное общество «Труд». В 1993 году Юрия Тена избрали депутатом Государственной думы РФ. В 2005 году именем Юрия Тена была названа улица в Иркутске, а в 2010-м — перевал на автодороге Чита — Хабаровск.. Возглавлял Национальный совет Федеральной национально-культурной автономии российских корейцев. Его именем назван один из горных перевалов в Восточной Сибири. Он был в числе первых основателей крупной промышленной компании на территории Восточной Сибири. Биография М.Ю.Тена [Электронный ресурс] URL: https://peoplelife.ru/280529 Дата обращения 11.08.2020.

34) Бугай Н.Ф. Российские корейцы и политика «Солнечного тепла» М., 2002. С.159-162.

региональных национально-культурных автономий,[35)] основание корейского вуза, организацию выступлений Корейского народного театра, налаживание издательской деятельности, открытие классов корейского языка в школах в районах компактного проживания корейцев и многое другое. К сожалению, начатая работа ФНКА в силу сменяемости руководства, после смерти Ю.М. Тена автономию возглавил С.И. Тен,[36)] а затем и С.А. Хон[37)] во многом некомпетентности

[35)] Там же.

[36)] На IV внеочередном съезд ФНКА российских корейцев впервые за многие годы собрались руководители основных корейских организаций: Федеральной национально-культурной автономии российских корейцев, Общероссийского объединения корейцев, общества «Бомминрен». На пост председателя Национального Совета ФНКА, пустовавшего с июля 2003 г., были выдвинуты две кандидатуры: нижегородский бизнесмен Олег Чанбокович Ким президент Ассоциации корейцев Ростовской области Сергей Иннокентьевич Тен. Из присутствовавших на съезде 47 делегатов 29 высказались в пользу Сергея Тена, 15 проголосовали за Олега Кима, 3 воздержались. Среди сторонников кандидатуры Сергея Тена преобладали представители региональных организаций, в то время как Олега Кима поддерживали, в основном, московские делегаты. Съезд также принял обращение к редакторам газет «АРИРАН-ПРЕСС» и «Российские корейцы» с просьбой ограничить критику работы общественных организаций и ее лидеров. Ранее исполнявший обязанности первого заместителя председателя Национального Совета ФНКА Ким Ен Ун в связи с работой помощником депутата Государственной Думы вышел из состава Национального Совета ФНКА. Новому председатесссчлю Национального Совета ФНКА Сергею Тену было поручено доработать Устав ФНКА в соответствии с изменениями, внесенными IV чрезвычайным съездом.

[37)] 1 ноября 2009 г. в Московском Доме национальностей состоялся 5-й съезд Федеральной национально-культурной автономии российских корейцев (ФНКА РК). Исполняющим обязанности председателя нацсовета ФНКА РК сроком на один год был избран председатель правления московской НКА Хон Сергей Александрович (35-летний предприниматель, генеральный директор ООО Торговый дом

членов Совета автономии, отсутствия политической воли и ряду других причин, в конечном счете содействовали ее ослаблению и прекращению деятельности в 2009 г. ФНКА российских корейцев постепенно сходила с общественно-политической арены, не были предприняты необходимые усилия, чтобы объединить всех корейцев вокруг ФНКА, которая располагала на местах около 50 общественными НКА. С 2004 г. ФНКА РК объединяла 19 региональных и местных НКА корейцев. ФНКА российских корейцев входила в состав координационного совета Департамента межнациональных отношений Министерства регионального развития, Комитета Совета Федерации по делам Федерации и региональной политике, Ассамблеи народов России и других организаций.[38]

В СФО и УФО, на сегодняшний день, функционирует ряд региональных общественных объединений корейцев, представленных в таблице 2, целью которых является

«Георесурс» Сергей Александрович ХОН был избран новым председателем Московской национально-культурной автономии российских корейцев 20 сентября 2005 г. Руководившая организацией более десяти лет видный активист корейского движения Елизавета Сергеевна ЦОЙ избрана на должность почетного председателя МРНКА российских корейцев). Сергею Александровичу съезд дал поручение восстановить дееспособность организации и подготовить внеочередной VI съезд ФНКА РК // КОРЕ САРАМ к 150-летию переселения корейцев в Россию. М., 2014. С. 82.

[38] Бугай Н.Ф. Общественно-политическая деятельность корейцев России и политическая культура// Белые пятна российской и мировой истории. 2014. № 1-2. С. 26-55.

решение, как политических, так и социальных задач, направленных на возрождение национального самосознания, корейской национальной культуры, языка и т.п., а так же налаживание связей с исторической родиной и корейцами, живущими в других странах СНГ и дальнего зарубежья.

Таблица 2. Действующие региональные объединения корейцев УФО и СФО[39)]

Организация	Руководитель
МОО «Национально-культурная ассоциация корейцев г. Улан-Удэ»	Ли Роза (Гын Сиковна) Владимировна
Национально-Культурная Автономия корейцев Новосибирской области	Тен Пон Ен Борис Яковлевич
Молодежный корейский центр АЧИМ г. Новосибирск	Хон Владислав Сынхонович
Общественная организация «Региональная национально-культурная автономия корейцев в Томской области	Пак Евгений Владимирович
Екатеринбургская городская общественная организация «Национально-культурная автономия российских корейцев»	Ан Андрей Анатольевич
Тюменская областная общественная организация корейцев «Единство»	Алексей Федорович Тен
Челябинская областная общественная организация «Корейский культурный центр»	Пак Василий Чанович
НП «Корейская Диаспора «Ариран» г. Челябинск	Шегай Светлана Алексссандровна
Омское региональное отделение общероссийской общественной организации «Общероссийское объединение корейцев»	Ким Александр Романович

---

39) К большому сожалению, большинство создаваемых организаций существовало не долго, в силу ряда причин (от внутренней несогласованности до банального отсутствия средств).

Свердловская область, Екатеринбург

Миграция корейцев в XX в. на Урал из самой Кореи и, особенно с Дальнего Востока, имела волнообразный, преимущественно профессионально-образовательный и социально (демографически и пр.) содержательный характер, что совпадало и с потребностями этого развивающегося региона, что позволяло более успешно решать его социально-экономические, культурные и иные проблемы. Считается, что именно «образовательная экспансия», то есть приток корейцев на Урал именно с учебно-образовательными целями, продолжающимися даже в условиях начавшихся в 1930-е гг. репрессий сталинского режима, а также острая нужда в квалифицированных кадрах, обусловили определенную защиту корейцам, которые в силу геополитических причин стали к этому времени одной из самых уязвимых национальных групп на исторической родине и далеко за ее пределами, включая СССР.

Первые корейцы в городе появились во времена царской России. Переселявшиеся первоначально на территорию русского Приморья, они селились вдоль железнодорожных станций Транссиба, занимались мелкорозничной торговлей, содержали частные прачечные и парикмахерские. В качестве дешевой рабочей силы, корейцев привлекали к работе на заводах, шахтах и приисках.

После революции 1917 г. на государственном уровне осознавалась значимость национального вопроса для страны, в связи с этим был создан Народный комиссариат по делам национальностей (Наркомнац). В первые годы существования советского режима была создана разветвленная территориальная структура местных национальных комитетов и отделов при губернских, уездных и городских Советах.[40] 3 ноября 1917 г. была принята «Декларация прав народов России», которая уравнивала в статусе и в основных гражданских правах все народности советской России.[41] Советская власть стремилась сотрудничать со всеми и с различными национальными меньшинствами тоже. Для этой цели в рамках Областных комитетов КПСС, а затем и окружных существовали агитационные отделы и бюро национальных меньшинств. То есть, на первоначальном этапе власть активно поддерживала инициативу создания национально-культурных организаций на всех уровнях. Не отставали и корейцы, ими были созданы национальные организации на территории города Екатеринбурга (Свердловска) и

---

40) Макарова Г. П. Народный комиссариат по делам национальностей 1917–1923 гг.: исторический очерк. М. : Наука, 1987. С.19-20.

41) Пескина П. И. Народный комиссариат по делам национальностей и его деятельность 1917–1918 гг. М. : Академия общественных наук при при ЦК ВКП(б), Кафедра истории ВКП(б), 1950. С.61-62.

Свердловской области. По данным Всесоюзной переписи населения 1920 г. на территории Уральской области проживали 132 корейца.[42] В 1920-е гг. в Свердловске был создана первая корейская общественная организация – Уральский областной Союз корейцев. Союз входил в состав общесоюзной организации «Корейский национальный союз», штаб-квартира которой находилась в Москве. Кроме того, в том же 1920 г. в Екатеринбурге был создан «Союз корейских рабочих».[43]

«Корейский национальный союз» являлся учреждением, объединявшим и регулирующим деятельность всех корейских организаций в России. Союз предполагал достичь следующих политических целей: восстановление политической самостоятельности Кореи на основе самоопределения ее населения; борьба с японским экономическим и политическим господством в Корее; противостояние японскому империализму в Азии и т.д.[44] С 1925 года деятельность Корейского союза контролировалась государством. Корейский союз вел агитационную и пропагандистскую работу среди корейцев Екатеринбурга-Свердловска и близлежащих территорий. Первым

---

42) ГАСО. Ф. 239. Оп.1. Д. 419. Уральский статистический ежегодник 1923–1924 гг. Свердловск, 1925.

43) ГАРФ. Ф. 3316. Оп. 19. Д. 251

44) Национальный вопрос и Советская Россия. М. : Народный комиссариат по делам национальностей, 1919. 91 с.

председателем Корейского союза в 1920 г. был избран **Ан Тэ До (Ан Тай До, Ан Сергей Николаевич,** 1897–1938 гг.).[45] В архиве Государственном архиве административных органов Свердловской области (ГААОСО) хранится дело, возбужденное в отношении него и еще нескольких корейцев и китайцев по ст. 58-6 УК СССР. По этому делу были привлечены Ян Чунь Шань, Ян Вын Лунь, Ан На То, Ли Шу Чжан, Пу Иван Иванович. Все они подверглись арестам 13 апреля 1932 г.[46]

Вторая национальная организация на территории Свердловска – Союз корейских рабочих также был образован в 1920 г. В масштабах страны Союз корейских рабочих был сформирован в 1918 г. корейцами-эмигрантами, проживающими на территории РСФСР. Во главе Союза стоял Центральный исполнительный комитет. 10 июня 1924 г. Совнарком СССР утвердил устав Союза, получившего официальное наименование «Центральный исполнительный комитет союзов корейцев, проживающих на территории СССР».[47] В соответствии с уставом основной задачей ЦИК союзов корейцев являлась защита интересов своих членов, поднятие их культурного и профессионально-технического

---

45) Единая база данных жертв репрессий в СССР [Электронный ресурс] URL: https://bessmertnybarak.ru/books/person/29969/ Дата обращения 3.09.2020

46) ГААОСО. Фонд Р-1. Опись No2. Дело 3395

47) Сим Хон Ёнг. К истории корейских общественных организаций в России в первой четверти XX века [Электронный ресурс] URL: http://world.lib.ru/k/kim_o_i/a13-1.shtml Дата обращения: 29.08.2020

уровня, организация взаимопомощи.[48])Союз корейцев вел переписку с наркоматами, государственными учреждениями РСФСР об отпуске финансовых средств, проводил культурно-просветительскую работу среди корейцев, кроме того, была организована деятельность корейских трудовых артелей: корейские студенты отправлялись на рабфаки и в ВУЗы. Велись переговоры о предоставлении права на жительство корейцам и др.

От имени союза корейских рабочих была открыта папиросная фабрика, которую также возглавлял Ан Тэ До и занимался торговыми операциями от ее имени. Существовала также корейская красильная мастерская, на рынках неимущими корейцами и китайцами, часто они ездили за товарами в командировки от имени Союза, осуществлялась продажа разных товаров, проводились операции по скупке платины на приисках города Кыштыма Нижне-Тагильского округа, которая затем продавалась непосредственно в Свердловске. В 1925 г. был создан не-большой завод, для работы на котором были привлечены два крупнейших екатеринбургских фабриканта – Шейкман и Чертополохов, а также известные инженеры – бывшие заводчики, с которыми Ан Тэ До поддерживал близкое общение.[49])

В 1925 г. среди корейцев, проживавших на территории

---

48) Там же.

49) ГАСО. Ф. 45. Оп. 1. Д. 252

Свердловска и Свердловской области, произошел внутренний раскол. Существовало две большие группы: корейские рабочие-коммунисты и корейцы-националисты. (к первой группе относились **Пу На Сон**, Ли Пи Ти, и другие), которые поддерживали линию партии, были идейными коммунистами, и выступали против коммерческой деятельности Союза, поддерживая лишь сохранение объединяющих и социальных функций организации под контролем государства. Самым важным представителем этой группы, участником деятельности Союза корейских рабочих, проводником официальной государственной линии в организации являлся Пу На Сон.[50]

Основной целью корейцев-националистов была борьба с японским империализмом. Союз воспринимался ими как объединение по национальному, а не классовому признаку. Представители группы выступали за ведение различной коммерческой деятельности, которая финансировала бы как саму организацию, так и революционную деятельность различных антияпонских революционных груп.[51] В 1925 г. несколько корейцев-рабочих протестовали против кандидатуры Ан Тэ До в качестве председателя, подали жалобу в Центральный комитет союза о том, что он злоупотреблял служебным положением, заботился о

---

50) ГААОСО. Фонд Р-1. Опись No2. Дело 3395. Л. 62

51) ГААОСО. Фонд Р-1. Опись No2. Дело 3395. Л. 63

личной материальной выгоде, сам никогда не являлся рабочим. После 1925 г. Ан Тэ До был отстранен, произошли перевыборы, победила группа корейских рабочих-коммунистов, во главе с **Ли Пи Ти**, который и стал председателем организации. Таким образом, деятельность Корейского союза была поставлена под контроль государства. Коммерческая деятельность от имени Союза более не осуществлялась.[52]

Постепенно к началу 1930-х годов деятельность национальных организаций была свернута. В последующий период вся политика власти была направлена, как правило, на ассимиляцию иноязычного населения. Общественные инициативы либо подавлялись, либо находились под жестким контролем государства.

В 1930-е гг. в Свердловске появились корейские студенты. Переведенный из Иркутска в 1934 г. Институт советского строительства, созданный при ВЦИКе, готовил кадры для советов и исполкомов и имел квоты для корейских студентов. Куратором корейских студентов был один из первых представителей корейской советской интеллигенции профессор **Александр Фомич Югай**.[53] Самым известным корейским выпускником вуза стал

---

52) ГААОСО. Фонд Р-1. Опись No2. Дело 3395. Л. 64

53) Александр Фомич Югай [Электронный ресурс] URL: https://эru.wikipedia. org/wiki/ Югай,_Александр_Фомич : Дата обращения 11.10.2017.

профессор Томского государственного университета, Заслуженный юрист РСФСР, основатель научной школы в области конституционного права.

Корейские студенты Свердловского института советского строительства (в верхнем ряду второй слева - Андрей Иванович Ким)[54] Свердловск, 18 апреля 1934 г. Из личного архива Дмитрия Шина

После реабилитации 1957 г. корейская молодежь, все больше, стала уходить из сельского хозяйства и в массовом порядке поступать в вузы — не только в городах Средней Азии, но и в Москве, Ленинграде, Новосибирске, Свердловске. Через 30 лет, по статистике, доля людей с высшим образованием среди корейцев была в два раза

54) Ким Андрей Иванович [Электронный ресурс] URL: http://nkvd.tomsk.ru/ researches/passional/kim-andrej-ivanovich/ Дата обращения 21.11.2017

выше, чем в среднем по стране.

Можно сказать, что именно эта «образовательная экспансия» обусловила появление корейской диаспоры на Урале и Западной Сибири. Она же определила социальный статус большинства уральских корейцев. К 70 гг. XX в. корейцы имели достаточно весомое представительство среди ученых, инженеров, юристов. Сегодня почти в каждом вузе, академическом или отраслевом институте УФО и СФО есть корейцы-преподаватели, доктора наук, профессора, воспитавшие не одно поколение учеников, немало сделавшие для развития науки и техники рассматриваемых регионов и страны в целом.

90-е г. XX в. ознаменовались не только политическим и экономическим кризисом, но и проблемами национального самоопределения. Начался массовый выезд «русскоязычного населения», в том числе и корейцев, из Средней Азии в Россию, связи этим численность корейцев в регионе значительно увеличилась. Новые экономические возможности и приток «свежей крови» в сообщество уральских корейцев благотворно повлияли на идеи национально-культурного возрождения.

В марте 1990 г. профессором, доктором философских наук, заведующим кафедрой философии Института повышения квалификации УрГУ **Владимиром Васильевичем**

Кимом[55] было организовано Свердловское (Екатеринбургское) корейское культурно-просветительское общество «Мунхва»[56] (26.04.90 – зарегистрировано, которое он возглавлял многие годы. Сегодня Владимир Васильевич — почетный Президент «Национально-культурной автономии российских корейцев»). На начальном этапе деятельности организации все мероприятия организации финансировало Министерство культуры, но в конце 1990-х гг. помощь стали оказывать представители диаспоры, занимающиеся бизнесом и Посольство Южной Кореи. 10 января 2007 г. Организация была ликвидирована и вместо нее организована национальная культурная автономия (НКА) российских корейцев Екатеринбурга, целью которой стало приобщение представителей корейской общности к национальной культуре, изучение корейского языка и поддержание контактов с корейцами за рубежом.

Центром регулярно проводятся различные мероприятия, так с 1995 г. в УрГУ функционирует российско-корейский образовательный центр – изучения корейского языка[57] и

---

55) Биография В.В. Кима Владимиру Васильевичу Киму - 80 лет [Электронный ресурс] URL: http://www.uran.ru/content/80-1 Дата обращения 12.09.2017. Ким В.В. Известные ученые [Электронный ресурс] URL: https://famous-scientists.ru/6324 Дата обращения 12.09.2017.

56) Прошла презентация екатеринбургской городской Национально-культурной автономии российских корейцев. [Электронный ресурс] URL: http://www.arirang.ru/news/2007/07080.htm Дата обращения 12.09.2017.

57) Вечерний Екатеринбург, 26 мая 2007 г. [Электронный ресурс] URL:

культуры, при центре действуют фольклорные коллективы: детский ансамбль народной песни и танца, фольклорная группа «Онлирия»,[58] создателем которых является **Татьяна Геннадьевна Ли**,[59] а нынешним руководителем **Полина Фан**[60] К каждому мероприятию, приуроченному к празднованиям дат связанных с жизнью «коре сарам», центр старается организовать выступления в Екатеринбурге корейских детских музыкальных коллективов из Алма-Аты, Ташкента и других городов. Освещением деятельности организации и жизни диаспоры в городской и областной прессе занимается пресс-служба.

По данным переписи населения 2010 г., в Свердловской области проживали около 2000 корейцев, из них около тысячи в Екатеринбурге, примерно 450 человек в Нижнем Тагиле и около 150 — в Каменске-Уральском.

В 2004 г. была учреждена Екатеринбургская городская общественная организация «Национально-культурная автономия российских корейцев», председателем правления, которого до сентября 2017 г. был **Станислав Валерьевич**

---

http://book.uraic.ru/news_topic/2019/3/4637 Дата обращения 12.09.2017.

58) Сообщество корейцев Екатеринбурга #Онлирия - фольклорная группа при корейской воскресной школе. [Электронный ресурс] URL: https://vk.com/wall-132716940_175 Дата обращения 12.08.2020.

59) Сообщество корейцев Екатеринбурга [Электронный ресурс] URL: https://vk.com/club132716940 Дата обращения 12.11.2017 г.

60) Полина Фан [Электронный ресурс] URL: https://vk.com/fan_polina Дата обращения 12.11.2017.

Тхай,[61] а с апреля 2018 г. **Ан Андрей Анатольевич**[62]

Сегодня «Национально-культурная автономия российских корейцев» принимает активное участие во всех мероприятиях, проводимых администрацией губернатора Свердловской области, администрацией Екатеринбурга по достижению межнационального мира и согласия на Среднем Урале. Для популяризации языка, культуры, традиций и обычаев корейского народа не только среди этнических корейцев, но и среди всех горожан, в регионе организованы специальные курсы по изучению языка, работают музыкальные и танцевальные кружки. Для приобщения к традициям и укрепления связи с прародиной, углубления взаимопонимания, братской дружбы и сотрудничества с соотечественниками, нередко в столице Урала проводятся конференции и круглые столы.

В течение 2013-2017 гг. члены Екатеринбургской городской общественной организации проводили поиски родственников семидесяти погребенных на Мемориале, которые были открыты в сентябре 2013 г. магистрантом Уральского Федерального университета выпускником Пусанского университета Лим Сан Джэ. В октябре 2017 г. было принято решение — почтить память всех корейцев и

---

61) Тхай Станислав Валерьевич [Электронный ресурс] URL: https://ru.wikipedia.org/wiki/Тхай,_Станислав_Валерьевич Дата обращения 12.09.2017.

62) Ан Андрей Анатольевич [Электронный ресурс] URL: https://www.facebook.com/andrei.ekb Дата обращения 12.09.2017.

Представители Екатеринбургской городской общественной организации «Национально-культурная автономия российских корейцев» на праздновании Нового года Соллаль.

представителей других народов, которые захоронены на мемориальном кладбище, в честь чего прошло мероприятие «Последний поклон до Земли».[63]

Тема репрессий, остается на сегодняшний день актуальной среди исследователей разного уровня, так студентами исторического факультета Уральского федерального университета был создан исследовательский проект «Российские корейцы — жертвы политических репрессий в Свердловской области 1934-1939 гг.». При работе над проектом, в Государственном архиве административных

---

[63] Название появилось из корейской традиции: когда уходят близкие, на кладбище накрывается поминальный стол, а перед могилой, ушедшего в мир иной, трижды совершается глубокий поклон до Земли детьми, родными, близкими. Его делают все близкие: от детей до взрослых.

дел Свердловской области, было обнаружено 113 дел, по которым определили, что 70 человек – получили высшую меру наказания и был расстреляны (они захоронены на Мемориале), с семи человек было снято обвинение, а остальные были сосланы в лагеря.

Новым явлением в этом взаимодействии стал растущий интерес корейских партнеров к России и ее регионам, среди которых Свердловская область, ее промышленный и административно-культурный центр Екатеринбург играют особую роль. Весной 2012 г. Урал посетили представители представители южнокорейского университет «Хва Шин» (г. Пусан) – одного из лидеров дистанционного обучения в сфере высшего образования. Они подписали соглашение о сотрудничестве с Уральским федеральным университетом.[64]

В октябре того же 2012 г. в Екатеринбурге был подписан уже более масштабный документ о сотрудничестве с корейской стороной в межрегиональном формате - Протокол об установлении дружественных отношений между Свердловской областью и провинцией Кенги и о сотрудничестве в торгово-экономической, научно-технической и культурной сферах. Помимо общего рамочного документа, были заключены и конкретные соглашения – например, пятисторонний Протокол о

---

[64] Визит делегации из Южной Кореи//[Электронный ресурс] URL: http://www.paratkd.ru/n24042012.html Дата обращения 24.04.2017

намерениях между провинцией Кенги, Уральским федеральным университетом, Корейским политехническим институтом, фирмами Сингантек и Неоконтент. предусматривающий создание совместного предприятия мирового уровня конкурентоспособности. Уральского Федерального Университете (УрФУ) на тот момент уже сотрудничал с южнокорейскими университетами Корё, Согван, Сонгюнгван, Индустриальным университетом, Корейским институтом науки и технологий (KIST), в нем обучалось около 20 студентов из Республики Корея.[65]

В 2013 г. перспективы сотрудничества Свердловской области и Южной Кореи обсуждались вице-губернатором Яковом Силиным и Чрезвычайным и Полномочным послом в России Ви Сон Лаком.[66] В основном речь шла о взаимодействии в сфере машиностроения. Но пик российско-корейских контактов в региональном (уральском) измерении пришелся на 2014 г. – в рамках праздничных мероприятий, посвященных 150-летию переселения корейцев в Россию, 4 июля 2014 г. в УрФУ состоялась XV российско-корейская научно-техническая конференция, в работе которой приняли участие ученые из России, стран

---

[65] Ким Ен Ун. Зачем южнокорейские губернаторы ездят за границу? [Электронный ресурс] URL: http://onekorea.ru/2012/11/13/zachem-yuzhno korejskie-gubernatory-ezdyat-za-granicu/ Дата обращения 13. 11. 2017

[66] Средний Урал заинтересован в создании совместных с Республикой Корея станкостроительных производств [Электронный ресурс] URL:: http://gubernator96.ru/news/show/id/1225 Дата обращения 12.07.2020.

СНГ и Республики Корея. Организаторами конференции выступили Ассоциация научно-технических обществ корейцев (АНТОК) России, Екатеринбургская национально-культурная автономия российских корейцев, Корейско-российский центр научно-технологического сотрудничества (KORUSTEC) при поддержке Корейской федерации научно-технологических обществ и Общероссийского объединения корейцев.

В развитие партнерских отношений Урала с Кореей вносит свою лепту и местное университетское сообщество. Так, более 50 студентов Уральского федерального университета (Екатеринбург) изучают корейский как основной язык, он преподается и как второй иностранный для студентов магистратуры. В свою очередь, 22 студента из Кореи проходят обучение в Екатеринбурге.[67] В октябре 2016 г. состоялся российско-корейский бизнес-форум, организованный Уральской торгово-промышленной палатой и Корейским агентством по инвестициям и торговле (KOTRA) при поддержке регионального правительства. Корейская сторона организовала также презентацию туристического потенциала Южной Кореи. В перспективе проведение на Урале Гости подчеркивали, что «Свердловская область для южно-корейских бизнесменов – очень приоритетный регион, это транспортно-

---

67) Центр корейской культуры появится в Екатеринбурге [Электронный ресурс] URL: http://urfu.ru/ru/news/17405/ Дата обращения 12.07.2019.

логистический узел и центр промышленности ···»[68]

Активность УрФУ объясняется как искренним интересом к корейцам и Корее, так и прагматизмом — головной уральский вуз участвует в Проекте 5-100, итогом которого должно стать появление в России к 2020 г. современных университетов международного класса. Тогда же, в дни бизнес-форума в Уральском федеральном университете состоялась лекция чрезвычайного и полномочного посла Республики Корея в РФ Пак Ро Бёка[69] для студентов департамента международных отношений, в ходе которой, дипломат предложил открыть в Екатеринбурге корейский культурно-образовательный центр, что означало бы большой шаг вперед в развитиии российско-корейских отношений на межгосударственном и межрегиональном уровне.

Южный Урал (Оренбургская область, Челябинская область. Республика Башкортостан)

Урал — очень большое пространство, в котором

68) Подкорытова С. Делегация Южной Кореи прибыла на Средний Урал с рабочим визитом [Электронный ресурс] URL: http://www.obltv.ru/news/society/delegatsiya-yuzhnoy-korei-pribyla-na-sredniy-ural-s-rabochim-vizitom/ Дата обращения 12.07.2019.

69) Лекция Пак Ро Бёка «Республика Корея – привлекательный и ключевой партнёр для России» [Электронный ресурс] URL: https://oriental.hse.ru/announcements/204493929.html Дата обращения 12.07.2019

специалисты выделяют различные районы (зоны). Челябинскую область, обычно называют Южным Уралом, так как она отличается от общего уральского пространства не только количественными, но и качественными характеристикми.

Миграция корейцев на Южный Урал включала в себя два основных этапа. Во второй половине 1930-х – первой половине 1950-х гг. большая часть корейцев проживала в Казахстане и Узбекистане. Первый этап связан с отменой режима спецпоселения в 1954 г., когда молодые корейцы получили возможность покинуть места ссылки и приезжали на Урал учиться. В течение 1950–1980-х гг. происходил постепенный рост численности корейцев в крае. Второй этап связан с распадом СССР. В постсоветские годы в результате миграций из республик Центральной Азии численность корейцев на Южном Урале возросла почти в 3 раза (табл. 3).

Таблица 3. Численность корё сарам на Южном Урале в 1939–2010 гг.

Субъект Российской Федерации	1939 г.	1959 г.	1970 г.	1989 г.	2002 г.	2010 г.
Республика Башкортостан	32	–	183	237	722	777
Челябинская область	291	449	404	463	959	905
Оренбургская область	85	–	256	385	1,321	2,080
Всего	408	449	843	1,085	3,002	3,762

Из приведенных в таблице данных видно, что после 1989

г. наиболее привлекательным районом для расселения была Оренбургская область. Это было вызвано тем, что Оренбург с середины 1990-х гг. стал весьма привлекателен для торговли. Кроме того, область исторически имела больше различных связей со Средней Азией, куда были высланы российские корейцы в 1930-е гг. Вероятно, эти связи обрели новое содержание после распада СССР и способствовали притоку корейцев в регион.

Первые корейцы в Челябинской области появились после того, как в 1954 г. им разрешили покидать места ссылки в Средней Азии и Казахстане, а юноши получили право служить в армии, что вызвало наплыв представителей корейской общности в ряды вооруженных сил, некоторые даже меняли дату рождения, чтобы быстрее попасть в Вооруженные силы. В это же время появились студенты корейцы в вузах Южного Урала, а в область стали приезжать молодые специалисты, окончившие российские вузы и прибывшие по распределению. Но их было не много и они не могли сильно повлиять на национально-культурную картину региона.

Большое число корейцев прибыло в Челябинскую область в 1990-х гг., в результате чего их деятельность и участие в жизни региона стали гораздо заметнее. В основном это активные люди среднего возраста из городов и сельской местности. Вторая волна, приведшая на Южный Урал «корё сарам» среднего поколения, была связана с распадом СССР, существенно изменившим положение корейцев. Они оказались гражданами различных государств, нарушилась целостность общности. Большинство советских корейцев (около 400 тыс.) оказалась в среднеазиатских государствах и столкнулись с новыми политическими реалиями. Одной из главных проблем для них стала проблема языка, поскольку большинство корейцев использовало русский язык, в то время как местные тюркские языки знали немногие.

Возникли проблемы экономического характера, поскольку традиционные занятия корейцев из-за структурных изменений рынка перестали давать прибыль. В этой ситуации корейцы проходили уже третью адаптацию.

Часть корейцев видели выход из создавшейся ситуации в возвращении в Россию. Важным событием в этой связи стало в 1993 г. решение Верховного Совета России о реабилитации российских корейцев, что усилило миграцию из Средней Азии (в основном из Узбекистана) в Россию.

По Всероссийской переписи населения 2010 г., в Челябинской области проживало 905 корейцев, что немногим меньше данных переписи 2002 г. - 954.[70] На сегодня в Челябинской области проживает более тысячи

---

70) Всероссийская перепись населения 2002 г. [Электронный ресурс] URL: www.perepis2002.ru Дата обращения 24.10.2017. Всероссийская перепись населения 2010 г. [Электронный ресурс] URL: www. perepis2010.ru Дата обращения 17.10.2017

корейцев и большинство из них живет в городе Челябинск.

Кроме того, «Коре сарам» живут в Копейске, Южноуральске, Миассе, Увельском районе и других местах, успешно работают в науке, образовании, культуре и торговле, на заводах и в сельском хозяйстве.

Процесс самоорганизации корейской общины на Южном Урале прроисходил по общей схеме. Так, в г. Челябинск 11 января 1992 г. был создан Корейский культурный центр Председателем организации стал **Василий Чанович Пак.**[71] Когда в начале 90-х гг. ХХ в. Стали повсеместно создаваться национально-культурные центры, Василий Чанович решил создать Корейский национально-культурный центр, его поддержали тогдашний председатель профкома ЧЭМК Виктор Чернобровин, председатель Челябинского фонда культуры Кирилл Шишов и руководитель башкирского народного центра Урал Сафиуллин.

На первое собрание во Дворец культуры ЧЭМК пришло около 200 человек, примерно половина всех корейцев Челябинска. Большинство не знало ни языка, ни традиций своего народа. «Только через образование мы сможем чего-то достичь», – сказал тогда В.Ч. Пак. Его активно поддержали

---

71) Москвин И. Ю. Этнокультурное развитие корейского этноса в Уральском регионе на современном этапе //Коре сарам в Урало-Казахстанском регионе. Сборник материалов межрегионального круглого стола, посвященного 150-летию добровольного переселения корейцев в Россию. Оренбург, 2014. С. 53

представители корейской общности, такие как: академик РАЕН, доктор физико-математических наук **Виктор Николаевич Ни,**[72] доктор химических наук, заведующий кафедрой в ЮУрГУ **Дмитрий Гымнанович Ким,**[73] доктор экономических наук, профессор Челябинского педагогического университета **Наталья Васильевна Ким,**[74] доктор исторических наук **Валерий Семенович Ким**[75] (ЧелГУ), библиотекарь **Октябрина Сенхваровна Дуда-Пак,**[76] работник торговли **Роза Заврина-Ким**[77] и **Полина Сон**[78] и др.

Основным направлением деятельности центра стало изучение языка и письменности, истории и культуры Кореи. При центре работает национальная школа, открыта при поддержке Посольства Республики Корея и имеет хорошую учебно-методическую и материальную базу. Ее деятельность

72) Виктор Николаевич Ни изобретатель [Электронный ресурс] URL: https://patentdb.ru/author/939140 Дата обращения 12.11.2017 г.

73) Любимое дело Дмитрия Кима: [беседа с зав. каф. органической химии ЮУрГУ Кимом Д.Г. / подготовил И. Загребин] // Технополис. 2013. 22 фев. (No 3). С. 5

74) Наталья Ким, доктор экономических наук, завкафедрой экономики ЧГПУ: «Я все беру какие-то вершины» материала: [Электронный ресурс] URL: http://diplom.74.ru/text/education/264344.html Дата обращения 21.10.2017 г.

75) Ким Валерий Семенович [Электронный ресурс] URL: https://www.csu.ru/Lists/List4/sotrudnik.aspx Дата обращения 21.10.2017 г.

76) Церковь «СВЕТ БОЖЬЕЙ ЛЮБВИ». г Челябинск [Электронный ресурс] URL: https://vk.com/fhvdgcy Дата обращения 21.10.2017 г.

77) Роза Заврина-Ким [Электронный ресурс] URL: https://ok.ru/profile/580297813045 Дата обращения 21.10.2017 г.

78) Полина Сон (Воронина) [Электронный ресурс] URL: https://ok.ru/profile/547173064444 Дата обращения 21.10.2017 г.

поддерживают Министерство культуры и Министерство образования Челябинской области. Слушатели школы активно участвуют в мероприятиях культурного центра.

25 июня 2019 года на берегу озера Касарги Челябинская корейская диаспора на Празднике лета Тано.

В Челябинске 28 октября 2000 г., при поддержке Главного управления культуры и искусства Челябинской области и областного Центра народного творчества, прошел праздник корейской культуры «С любовью и миром», в рамках которого состоялись показательные выступления мастеров по тхэквондо из клуба «Коре», концерт с участием учащихся корейской школы, выставка национальных блюд, была представлена экспозиция, повседневной жизни в Корее.

Корейцы первыми в области создали свою воскресную школу с оплатой труда учителей. Василий Чанович Пак[79] –

_____

[79] Москвин И. Ю. Этнокультурное развитие корейского этноса в

единственный в области специалист по родному языку, в 1999 г. он обучался в центре просвещения при посольстве Южной Кореи. Как оказалось, язык, который сохранили наши корейцы, архаичный, это наречие XV в. На исторической родине так продвинулись, что уже не понимают своих «русских» братьев. Тем не менее, во время последней поездки в Сеул Василий Пак успешно выступил на международном семинаре на родном языке.

На занятия, которые ведет Василий Чанович, приходят школьники и взрослые, и не только корейцы. Здесь же действует спортивная школа олимпийского резерва «Корё» по тхэквондо ВТФ города Челябинска.[80] Интересно, что изучение языка входит в обязательную программу спортсменов.

В 2004 и 2009 гг. в Челябинске отметили 140 и 145 лет переселения корейцев в Россию.

В городе действует Корейская Пресвитерианская церковь. Богослужение ведет пастор из Кореи. Планируется открытие музея культуры корейского народа.

Что касается Оренбурга и оренбургской области, то по

Уральском регионе на современном этапе //Коре сарам в Урало-Казахстанском регионе. Сборник материалов межрегионального круглого стола, посвященного 150-летию добровольного переселения корейцев в Россию. Оренбург, 2014. С. 53.

80) Спортивная школа «Корё» по тхэквондо [Электронный ресурс] URL: https://vk.com/koryoclub Дата обращения 21.11.2018

данным первой Всероссийской переписи 1897 г. корейцев в этом регионе не зафиксировано. Однако в фондах Государственного архива Оренбургской области (ГАОО) за 1901 г. хранятся дела о принятии российского подданства и православного вероисповедания корейцами.[81]

В советский период, до начала депортации корейцев с Дальнего Востока, массового их расселения по разным регионам страны, в том числе и в Оренбуржье, как уже отмечалось, не было. Однако в архивных документах встречаются десятки корейских фамилий, зафиксированные в Книге памяти жертв политических репрессий Оренбургской области.[82]

Новый этап в истории корейской диаспоры исследуемого региона, безусловно, связан с распадом СССР, с периодом массовых миграций из бывших союзных республик так называемого «русскоязычного» населения, которому относятся и корейцы. К сожалению, к концу прошлого столетия утрата родного языка среди корейцев среднего и молодого поколения приобрела катастрофические масштабы. Конечно, этот процесс длился не один год и даже не десятилетие, начавшись с расформирования в местах нового обитания после депортации национальных школ,

---

81) ГАОО. Ф. 11. Оп. 1. Д. 982, 1073, 1125, 1127, 1131, 1132, 1133, 1135, 1136, 1143, 1144, 1146, 1207, 1988

82) Списки репрессированных в Оренбургской обл. [Электронный ресурс] URL: https://ru.openlist.wiki/ Дата обращения 21.08.2020

техникумов, педагогического вуза. Кроме того выжить в новых условиях без знания русского языка было невозможно.[83]

По данным двух последних переписей число граждан корейской национальности, официально зафиксированных на территории Оренбургской области, растет. Правда, данные неофициальных источников зачастую не совпадают с официальной статистикой по целому ряду причин. В числе наиболее вероятных – замена этнической самоидентификации культурной, особенно в смешанных семьях. Далеко не последнюю роль играет незнание языка и этнической культуры своих предков, слабое представление об исторических корнях, об основных этапах общей российской истории.

Корейская диаспора Оренбуржья не относится к числу многочисленных как в регионе, так и в Российской Федерации, но следует отметить рост её значимости в интеллектуальном, образовательном, культурном, производственном потенциале. За весь постсоветский период в регионе увеличилось количество корейцев среди школьников, студентов и преподавателей вузов, врачей, чиновников разного уровня, предпринимателей и других

---

[83] Ким Г.П. Корейская диаспора Южного Приуралья в контексте основных этапов истории страны// Степи Северной Евразии. Материалы VI международного симпозиума и VIII международной школы-семинара «Геоэкологические проблемы степных регионов» Оренбург: ИПК «Газпромпечать», 2012. 940 с.

социальных слоёв современного российского общества. Безусловно, увеличение выше названных показателей связано с глобальными процессами двух последних десятилетий, но также и с национальными особенностями этноса. К числу последних характеристик можно отнести стремление к получению образования, повышению социального статуса и уровня благосостояния, гордость за принадлежность к корейскому этносу, уважение к чужим культурам, открытость к межэтническому диалогу.

Оренбург и область, конечно, не единственный регион, где российские корейцы успешно трудятся в разных сферах производства, в медицине, образовании, проявляют обеспокоенность современным состоянием дел в них.

Известно многонациональное Оренбуржье своими школьными учителями, например Ханом Владимиром Даниловичем,[84] преподавателями высшей школы: в вузах Оренбурга работает ряд ученых корейской национальности: Оренургский государственный университет – Ким Галина Петровна, кандидат исторических наук, доцент; Ким Виктор Бенгю, кандидат технических наук, доцент; Оренбургский государственный медицинский университет – Ким Валерий Иргюнович, доктор медицинских наук,

---

[84] История школы. Муниципальное общеобразовательное учрежение «Средняя общеобразовательная школа № 56» г.Оренбурга [Электронный ресурс] URL:http://han-sch56.narod.ru/index/0-7 Дата обращения 02.08.2020

профессор и др.[85]

Кроме того, немало ученых, инженеров, руководителей производств во многих отраслях экономики, предпринимателями, например предприниматель Кан Вячаслав Г. в 2009 г. возглавил общественное объединение корейцев Оренбургской области, активными участниками общественно-политической жизни страны и региона корейской национальности. В начале 1990-х гг. в Оренбуржье начали образовываться национальные общественные объединения, которые стали сотрудничать с министерством культуры, информационной политики, общественных и внешних связей области. Такое взаимодействие создает благоприятные условия для реализации государственной национальной политики и обеспечения свободы общественных организаций, роста национального самосознания, для сохранения этноконфессионального согласия и гармонизации межнациональных отношений в регионе. Институты нового гражданского общества в России имеют большое значение в сохранении национальной идентичности, возрождении традиций национальной культуры, изучении корейского языка,

---

85) Ким Г.П. Корейская диаспора Южного Приуралья в контексте основных этапов истории страны// Степи Северной Евразии. Материалы VI международного симпозиума и VIII международной школы-семинара «Геоэкологические проблемы степных регионов» Оренбург: ИПК «Газпромпечать», 2012. 940 с.

представление интересов диаспоры в органах местного самоуправления.

В 1999 г. в Оренбурге была зарегистрирована Оренбургская городская общественная организация «Диаспора оренбургский корейцев», президентом которой с 30 сентября 2003 г. стал Ким Александр Львович

Что касается корейцев республики Башкортостан, то здесь складывается следующая ситуация. Численность корейского населения Башкирии 722 человека[86] В Уфе проживает около 500 семей, во втором по величине городе республики в Стерлитамаке, живет 25 семей и несмотря на такое количество, в Башкирии нет общенационального объединения корейцев. По словам представителя корейской общины из г. Стерлитамак,[87] в Башкирии с осторожностью относятся к различным национальным объединениям. Что касается представителей корейской национальности, то они плотно общаются между собой и периодически встречаются на различных мероприятиях. Среди корейцев в республике есть представители разных направлений деятельности. Есть профессора в пединституте, в

---

[86] Территориальный орган Федеральной службы государственной статистики по Республике Башкортостан [Электронный ресурс] URL: https://bashstat.gks.ru/storage/mediabank/национальный++ состав++населения.htm Дата обращения 02.08.2020

[87] МЫ — ИЗ БАШКИРИИ. АРХИВ ГАЗЕТЫ «КОРЕЙСКАЯ ДИАСПОРА» [Электронный ресурс]URL: http://www.arirang.ru/archive/kd/14/13.htm Дата обращения 02.08.2020

Башкирском государственном университете, бывший мэр города — Нефтекамска — Лим Игорь Николаевич. В основном представители корейской диаспоры это бывшие военные, но есть семьи, которые переселились из Ташкента, Казахстана, как и в других регионах, ехали в Башкортостан кто — вынужденно, кто — в поисках лучшей доли

Новосибирская область. Новосибирск

В Сибирском краевом центре Новониколаевске в 1926 г. проживало 36 корейцев. Предположительно это были демобилизованные красноармейцы, прибывшие из Иркутской области на новостройки.

Активное формирование корейской общности в Новосибирске приходится на середину 50-х гг. XX в., когда корейцы из Средней Азии и, прежде всего с Сахалина, смогли свободно передвигаться по территории СССР и получили доступ к высшему образованию. Основной целью миграции в Новосибирск, крупный промышленный и вузовский город, было трудоустройство на промышленных предприятиях и получение специального и высшего образования. На первых порах приезжала в регион корейская молодежь, большинство из которых поступали в Новосибирский электротехнический институт (НЭТИ) (где им было разрешено учиться только на трех факультетах) и в Научно-исследовательский институт железнодорожного транспорта (НИИЖТ). Так, обучение «российских корейцев» в НЭТИ началось в 1955 г.[88]

Многим на первых порах приходилось нелегко: новое место, чужой город, оторванность от семьи и привычного уклада.[89] Особенно нелегко приходилось сахалинским корейцам, поскольку, они как лица без гражданства, подпадали под требования строгих законов и постановлений, регламентирующих проживание иностранцев на территории СССР. Это означало, что они имели ряд серьезных ограничений прав (регистрация по месту жительства, разрешительный характер выезда за пределы Новосибирска, запрет на прохождение подготовки на военной кафедре и т.д.). Так, к примеру, свободно, без разрешительной отметки милиции, сахалинцы не могли выезжать из Новосибирска дальше Академгородка.[90]

Студенты-корейцы из Средней Азии подобных ограничений не имели (у них были паспорта граждан СССР),

---

[88] Цой Е.Б., Гущина А.М., Хван А.Н. Россия – Корея: Диалог культур. Новосибирск: Издательство Новосибирского государственного технического университета, 2005. 187 с.

[89] Корейская диаспора Новосибирска: возникновение и национальное возрождение [Электронный ресурс] URL: https://koryo-saram.ru/korejskaya-diaspora-novosibirska-vozniknovenie-i-natsionalnoe-vozrozhdenie/ Дата обращения 24.10.2017.

[90] Там же

это создавало определенную социальную напряженность между двумя ветвями одного народа. Постепенно эта напряженность была преодолена, но для этого понадобился ни один год и усилия ни одного человека.

Все студенты-корейцы с Сахалина добивались получения гражданства СССР, но это было очень нелегко. До середины 70- х гг. XX в. многие могли получить гражданство, только окончив вуз и отработав три года по распределению (это было одним из необходимых условий).

Сегодня корейская диаспора в Новосибирской области выросла и состоит из трех - четырех поколений. По данным Новосибирского областного комитета статистики, в 1989 г. в Новосибирске и области проживали 1264 корейцев,[91] а в 2002 г. их численность составила уже 2154 человека,[92] а в 2010 г. - 3193 человека.[93]

Позиции корейской общины г. Новосибирска, как и других городов Сибири, соответствуют современной государственной национальной политике Российской Федерации, направленной на «укрепление государственного единства и целостности России и сохранение

---

91) Итоги переписи населения СССР 1989 г. [Электронный ресурс] URL:http://istmat.info/files/uploads/17594/naselenie_sssr._po_dannym_vsesoyuznoy_perepisi_naseleniya_1989g.pdf Дата обращения 24.10.2017.

92) Всероссийская перепись населения 2002 г. [Электронный ресурс] URL:. www.perepis2002.ru Дата обращения 24.10.2017.

93) Всероссийская перепись населения 2010 г. [Электронный ресурс] URL: www.perepis2010.ru: Дата обращения 24.10.2017.

этнокультурной самобытности ее народов» .[94]

В этнополитических процессах сибирского макрорегиона и России в целом корейцы занимают заметную позицию. Так, корейцы представлены в городских и областных органах власти, промышленности, науке, культуре, образовании, медицине и т.д. В сельском же хозяйстве их число незначительно.[95]

С принятием Федерального закона «Об общественных объединениях»,[96] в СССР появилось много национальных общественных организаций, ориентированных на сохранение самобытности своего народа, развития родного языка, образования и культуры.

В Новосибирске интерес к созданию общественного объединения корейцев впервые был проявлен в 1990-х гг. И была создана ассоциация «Солидарность», лидером которой стал Ким Филипп Иванович,[97] директор кислородного завода. В 1991 г. на общем собрании корейцев города, которое прошло в стенах НЭТИ, было избрано правление

---

[94] Указ президента РФ «О стратегии государственной национальной политики Российской Федерации на период до 2025 года» // Президент России. Официальный сайт. [Электронный ресурс] URL: http://kremlin.ru/news/17165 Дата обращения 06.09.2018

[95] Корейцы [Электрон. ресурс] // Историческая энциклопедия Сибири. – URL: http://sibhistory.edu54.ru/ Дата обращения: 06.09.2018.

[96] Федеральный закон «Об общественных объединениях» от 19.05.1995 N 82-ФЗ (последняя редакция) [Электронный ресурс] URL: http://www.consultant.ru/document/cons_doc_LAW_6693/ Дата обращения 06.09.2018

[97] Ким Филипп Иванович //Новосибирск: энциклопедия. С. 406

Новосибирской корейской ассоциации «Солидарность».[98)] Ядром корейского движения по созданию общественной организации корейцев Новосибирска стали: Цой Евгений Борисович, Хван Николай Бен-Хирович, Бэк Тэ Гын, Лим (Чун Гир) Степан Андреевич, Ким Михаил Николаевич, Тен (Пон Ен) Борис Яковлевич и другими. Это было время самоопределения братских республик, тогда часто поднимались вопросы о самоидентичности.[99)]

Вместе с тем в 1991 г. Вице-президентом Корейской культурной автономии Новосибирской области Кимом Владимиром Лидиановичем, было основано «Общество Советско-Корейской дружбы», (прекратило свою деятеьность в 2005 г.).[100)] В феврале 2006 г. Цой (Нора) Лариса Николаевна создала новосибирскую городскую общественную организацию «Детский культурно-этнографический центр», однако организация просуществовала не долго и прекратила свою деятельность в том же 2006 г.[101)] В последующие годы Ли Чун Юн (Юрий

---

98) Сайт организации http://oo-nkak-no.ru/

99) Ким, Е. В. Корейцы Сибири: этносоциальные и этнополитические процессы в XX–XXI веках Федер. агентство науч. организаций, Ин-т археологии и этнографии СО РАН. – Новосибирск: Изд-во ИАЭТ СО РАН, 2015. – 168 с.

100) 5 декабря 2005 г. Прекращение деятельности общественного объединения в качестве юридического лица по решению суда на основании ст.29 федерального закона от 19.05.1995 №82-фз «об общественных объединениях»

101) Закрыто с 26.02.2006 (Прекращение деятельности религиозной организации в качестве юридического лица по решению суда, на

Николаевич)[102] занимался созданием благотворительного Фонда, в 1999 г. он был избран председателем Новосибирского областного общественного благотворительного Фонда «ДОУМ»,[103] который также просуществовал не долго. Причиной тому стало то, что руководители всех четырех организаций действовали самостоятельно и без взаимной согласованности, исходя из своего видения проблем диаспоры, что в значительной мере осложняло организацию работы не только среди своих соотечественников, но и во взаимодействиях с местными и федеральными органами власти и правления.

В связи с этим была создана инициативная группа по объединению всех общественных организаций корейцев Новосибирской области и формированию единой местной общественной организации Национально-Культурной Автономии Корейцев г. Новосибирска (МНКА КН). Устав МНКА поручили написать Алексею Николаевичу Хвану. Решение организационно-технических вопросов было поручено Евгению Борисовичу Цою, Ли Чун Юну и

основании Ст.8 Фз От 26.09.1997 №125-Фз «О свободе совести и о Религиозных Объединениях»)

102) Бизнесмен, руководитель Общества С Ограниченной Ответственностью «Раст Белок-К» г. Новосибирск.

103) С 14.02.2007 Прекращение деятельности общественного объединения в качестве юридического лица по решению суда на основании ст.29 федерального закона от 19.05.1995 №82-ФЗ «Об общественных объединениях»

Владимиру Лидиановичу. Киму[104]

В ходе подготовки к тайному голосованию по выборам руководящих органов автономии были изданы бюллетени под девизом «За единство при многообразии каждого». 15 мая 1998 г. в актовом зале НГТУ прошло собрание представителей диаспоры, на котором были оглашены проект Устава МНКА и рекомендуемые кандидатуры на пост Президента МНКА: Цой Евгений Борисович и Тен Борис Яковлевич - генеральный директор «НеоКор». В ходе обсуждения предложенных кандидатур Цой Е.Б. отказался от участия в выборах по причине занятости на основной работе, в пользу Тена Б.Я.

29 марта 1999 г. МНКА преобразовано в Национально-культурную автономию корейцев Новосибирской области (НКАК НО).[105]

25 мая 2002 г. на очередном собрании представителей диаспоры после отчета первого президента национально-культурной автономии Тена Б.Я. по предложению Цоя Е.Б. большинством голосов присутствующих президентом национально-культурной автономии корейцев г.

104) Информация о Общественной Организацией НКАКНО [Электронный ресурс] URL: https://nkakno.ru/about Дата обращения 17.09.2018.

105) Корейская диаспора Новосибирска: возникновение и национальное возрождение [Электронный ресурс] URL: https://koryo-saram.ru/korejskaya-diaspora-novosibirska-vozniknovenie-i-natsionalnoe-vozrozhdenie Дата обращения 13.05.2018

Новосибирска был избран Пак Вениамин Александрович. Вице-президентами избраны Цой Е.Б. (по делам науки, образования и культуры) и Бек Тэ Гын (по социально-бытовым вопросам).[106)]

Актив Национально-культурной автономии корейцев Новосибирской области

28 октября 2006 г. в Новосибирске состоялись выборы нового президента и членов генерального совета Национально-культурной автономии корейцев Новосибирской области. Пак В. А. ушел с поста Председателя национально-культурной автономии, сохранив за собой членство в Совете НКА. Председателем НКА был избран Тен Б. Я.

С 2014 г. президентом Национально-культурной

---

106) Информация о Общественной Организацией НКАКНО [Электронный ресурс] URL: https://nkakno.ru/about Дата обращения 17.09.2018.

автономии корейцев Новосибирской области (НКАК НО) является Цой Е. Б. Под его руководством, закладывались основы нового этапа в истории общественного движения корейцев Новосибирской области. В декабре 2014 г. на заседании НКАК НО были определены основные направления деятельности общественной организации.

Общественной организации «Национально-культурная автономия корейцев Новосибирской области» уже более 15 лет. В НКАК зафиксировано шесть направлений деятельности. Это молодежное направление, социальная работа, культура, образование, наука, бизнес. Каждое направление имеет вице-президента, а он формирует из членов национально-культурной автономии свою команду исполнителей.[107]

В частности приоритетными были обозначены такие направления, как социальная поддержка земляков, деятельность в сфере культуры, образования и науки. В планах НКАК НО - создание делового бизнес-клуба с целью интенсификации взаимных контактов представителей корейской бизнес среды Новосибирской области.

В структуре НКАК НО функционируют молодежный культурный центр «Ачим» («Утро»),[108] инструментально-

---

107) Там же.

108) Молодежный Корейский Центр «АЧИМ» г.Новосибирск [Электронный ресурс] URL: https://vk.com/achimnsk URL: https://www.instagram.com/

танцевальный коллектив «Госан» (Руководитель ансамбля - Юлия Тен), клуб «Золотой возраст» и т.д. НКАК НО проводит конференции, семинары, симпозиумы, презентации литературы, произведений искусства, инновационных проектов и т.д.

26 июня 2016 г. в Новосибирске проходили праздничные мероприятия, посвященные Дню Города. Особый колорит празднику придала выставка национальных организаций, где приняла участие и Национально-культурная автономия корейцев Новосибирской области. Корейская молодежь представила мастер-классы по игре на корейских традиционных барабанах «Самбук» и «Бук». Кроме того, гости выставки могли ознакомиться с предметами корейской традиционной культуры: одеждой, масками, веерами и т. д. На сцене с корейской народной песней «Ариран» выступил Алексей Ким - артист Новосибирского театра оперы и балета.[109]

С декабря 2017 г. Президентом Автономии является Цой Виталий Анатолиевич,[110] Вице-президентом - Квак Игорь Имчерович[111]

---

achim_nsk/?hl=el Дата обращения 22.12.2019 г.

[109] Подробнее: Национально-культурная автономия корейцев Новосибирской области . Подробнее: [Электронный ресурс] URL: http://novosibirsk. cataloxy.ru/firms/oo-nkak-no.ru.htm Дата обращения 12.08.2017.

[110] Личная страница в Вконтакте [Электроннный ресурс] URL: https:// vk.com/id64025333 Дата обращения 22.12.2019 г.

[111] Личная страница в Instagram [Электроннный ресурс] URL:: https://

Численность корейцев в Новосибирске, несмотря на миграцию корейцев из Иркутска, Красноярска, Казахстана, Узбекистана и т.д. с целью поиска работы, комфортного проживания, учебы в вузах города, никогда не станет столь обширной, как другие национальные диаспоры – татар, украинцев, немцев и др. На это есть несколько причин: в частности, до сих пор существует представление, что есть русские, сахалинские и средне-азиатские корейцы. Такой стереотип постепенно исчезает, но он, по всей вероятности, будет еще долго. Хоть и в слабой форме, но есть ориентация на Северную Корею. Хотя, по факту, основная масса людей ориентирована на Республику Корею, так как выгодно и приятно ощущать себя частью народа, страны, которая добилась колоссальных успехов в экономике, инновациях и т.д.

Современнные российские корейцыпредпочитают жить в городах. Но, как показывает исследование Е.В. Ким, есть и исключения - помимо дисперсно проживающих смешанных и однородных корейских семей, есть случаи группового поселения корейцев и в сельских районах Сибири. Пример тому — Карасукский район Новосибирской области, куда после распада СССР перебралась группа корейцев из мест их компактного проживания в Узбекистане. «Большинство из них ориентировано на внутриэтнические браки. Все

www.instagram.com/koreec_kv/ Дата обращения 22.12.2019 г.

члены этой небольшой общины являются родственниками и ориентированы на длительное проживание в регионе. Но, несмотря на социально-экономическую адаптацию в регионе, эта группа корейцев представляет собой этнический анклав, неспособный к самовоспроизводству и пополняемый за счет миграции новых групп корейцев».[112] Но такой опыт жизнедеятельности корейских переселенцев из республик Центральной Азии в Россию — скорее исключение, чем правило, - большинство росийских корейцев живут дисперсно, хотя и поддерживают тесные внутриобщинные связи.

Между тем, работа в этом направлении ведется и в других регионах Западной Сибири, и важная роль в ней принадлежит местным корейским национально-культурным объединениям.

Цели национально-культурных объединений (автономий), как и везде, – поддержка традиций, распространение корейского языка, поддержка и укрепление связей в рамках нашего многонационального города.

Языковая поддержка очень важна, так как в России за долгие годы проживания произошло растворение

---

112) Ким Е.В. Корейцы сибири: этносоциальные, этнополитические процессы XX–XXI вв. Дисс. на соискание ученой степени кандидата исторических наук. Томск. - 2015 С. 48

корейской культуры, это связано с тем, что в процессе адаптации и интеграции в советское пространство корейцы, в особенности те, кто проживал вне острова Сахалина, стремились изучить русский язык и получить высшее образование.

С другой стороны, разорванность родственных связей стала причиной формирования особого типа людей, с особой, характерной способностью к выживанию и личной самодостаточностью. Опора только на самого себя. Некоторые вообще проживали в среде, где совсем не было соплеменников. Утрата основы проживания любой совокупности людей – языка, а вместе с ним традиций национальной культуры, которая, не коснулась только кухни.

Большинство местных корейцев имеет больше друзей, коллег из числа русских и мало из числа своих земляков.

Растворение корейцев в российском обществе происходит довольно быстро. С каждым годом увеличивается количество смешанных браков в России (муж – кореец, жена – русская, редко наоборот, но бывает). Многие кореянки выходят замуж за граждан Китая.

Тюменская область. Тюмень. Ханты-Мансийский Автономный округ – Югра (ХМАО), Ямалоненецкий автономный округ (ЯНАО)

На сегодняшний день о корейцах в этих регионах известно не много. Так, мы можем говорить о периоде начала миграции, о причинах миграции, об их численности (по официальным данным незначительной), при этом опираясь на данные Тюменской области (ХМАО географически входит в состав Тюменской области).[113]

Существуют сведения о том, что корейцы появились в этом регионе еще в начале XX в. на строительстве железной дороги, об истории же складывания корейской диаспоры на территории отдельных округов ХМАО и ЯНАО можно говорить, начиная с 50-х гг. XX в., так как именно в это время начинается активное переселение корейцев из Средней Азии и Казахстана в округ. Связано это было с тем, как уже отмечалось, что: во-первых, именно в это время были сняты ограничения, которые не позволяли корейцам переезжать и общаться с местным населением, установленные в период

---

113) Закирова (Фаттахова) Е.Н. Некоторые аспекты истории корейской диаспоры на Севере России (на примере Тюменской области, Ханты-Мансийского и Ямало-Ненецкого автономных округов)// Известия корееведения в Центральной Азии. Материалы IV Международной конференции , Выпуск 18, Алматы, 2011. С.156-165

войны; во-вторых, для разработки нефтегазовых месторождений в регионе требовалось большое количество квалифицированных специалистов (трудовая миграция). Специфической формой трудовой миграции из среднеазиатских республик того периода стали бригады, управления, тресты, в которые входили и корейцы. Впоследствии некоторые из них были отмечены государственными наградами среди них заслуженный геолога Российской Федерации и заслуженный работник нефтяной и газовой промышленности, кандидат геологических наук Ким Анатолий Индекович,[114] лауреат Государственной премии СССР Аркиф Васильевич Тян.[115]

Кроме того, корейцы продемонстрировали свои качества природных земледельцев в суровых условиях Сибири. Орденами и медалями, например, отмечена деятельность организатора производства, кандидата сельскохозяйственных наук Владимира Окюновича Огая и др.

---

114) Ким Анатолий Индекович. Электронная энциклопедия. Томский Политихнический университет. [Электронный ресурс] URL: http://wiki.tpu.ru/wiki/Ким_Анатолий_Индекович Дата обращения 04.09.2020

115) Ли В.Б. Корейцы в Западной Сибири// Корейцы в Тюменском крае. Сб.материалов научной конференции посвященной 140-летию переселения корейцев в Россию и 75-летию Тюменского государственного университета. Тюмень, 2005. Малчевский А.В. Миграция в Тюменской области в контексте проблем прошлого и современности// Корейцы в Тюменском крае. Сб.материалов научной конференции посвященной 140-летию переселения корейцев в Россию и 75-летию Тюменского государственного университета. Тюмень, 2005.

Массовые миграции конца 80-90-х гг. XX в., связанные с распадом СССР, способствовали увеличению корейского населения в округах и области. В этот период начинается активизация национального движения, что привело к возрождению некогда утраченных языка и традиции.

К началу XXI в. в регионе сложились факторы, оказывающие воздействие на сферу этноконфессиональных отношений, в том числе на проблемы социальной адаптации мигрантов, улучшения качества диаспор и воспитания толерантности. Во-первых, регион является одним из сложных, по составу населения и характеру его размещения, регионов России. Во-вторых, здесь существуют населенные пункты и территории с абсолютным доминированием представителей того или иного этноса, имеющие характерные особенности в образе жизни и ведении хозяйства. В-третьих, быстрый приток новых мигрантов не способствует их естественной адаптации и усвоению культурных традиций региона, увеличивается количество новых для региона конфессий.

В регионах, с большой по численности корейской диаспорой, таких как Ростовская, Волгоградская области, Краснодарский, Ставропольский края, Дальний Восток, Приморье, Москва и Санкт-Петербург, как уже отмечалось, созданы организации, национальные объединения, которые облегчают первоначальный этап адаптации, организуют некоторые формы самопомощи и социального распределения. Что касается указанного региона, то национально-культурное обьединение корейцев представлено только в Тюмени. Оно создано для заявления о нуждах диаспоры, ее интересах и проблемах, налаживания коммуникации с властными структурами и реализации проектов, направленных на интеграцию, для реализации проектов, направленных на воспроизводство этнической идентичности и т.д. Так, областной дворец «Строитель» в г. Тюмень является крупным центром по развитию национальных культур, где наряду с другими действует отдел корейской культуры, при котором в 2002 г. были созданы два коллектива: танцевальный и вокальный детские ансамбли «Ариран».[116]

На базе дворца национальных культур «Строитель» проходит традиционный областной фестиваль детской художественной самодеятельности национально-культурных объединений «Радуга», в котором активное участие принимают представители Тюменской областной общественной организации корейцев «Единство». Кроме того, здесь проходят фестивали национальных культур («Мост дружбы» 2004), концерты и выставки, научно-просветительские мероприятия (11 декабря 2004 г. научная

[116] Детский ансамбль корейского танца «Ариран» [Электронный ресурс] URL: http://kimi-school.ru/bez-rubriki/840/ Дата обращения 20.09.2019

конференция, посвященная 140-летию переселения корейцев в Россию) и др[117)]

Несколько национальных (корейских) общественных объединений существуют и на территории Ханты-Мансийского автономного округа, в таких городах как: Сургут, Нижневартовск, Нягань. Их в полной мере нельзя назвать объединениями (организацией), это скорее всего круг единомышленников, земляков или что-то подобное. Они не зарегестрированы, малочисленны и не ведут активной работы, лишь изредка проводят совместный досуг. Это, на наш взгляд, является пробелом, так как, несмотря на свою малочисленность корейская общность, как и любая другая должна быть достойно представлена в любом регионе, любом округе, районе и городе.

В целом вопросы, касающиеся корейских переселенцев, как и других групп мигрантов, на территории Ханты-Мансийского и Ямало-Ненецкого автономных округов, Тюменской области и в целом Севера России остаются на сегодняшний день мало изученными и требуют более детального рассмотрения и освещения. В том числе и вопрос их вклад в экономическую, политическую и культурную жизнь региона и т.д.

---

117) Ли В.Б. Корейцы в Западной Сибири// Корейцы в Тюменском крае. Сб.материалов научной конференции посвященной 140-летию переселения корейцев в Россию и 75-летию Тюменского государственного университета. Тюмень, 2005. С.4.

Если говорить о Тюменской области в целом, то по всероссийской переписи населения 2010 г. в Тюменской области проживает 1536 корейцев.[118] Большинство из них приехали сюда в поисках устойчивого, стабильного в экономическом плане места жительства из Узбекистана, Казахстана. Лишь единицы – переселенцы с Дальнего Востока.

Первые молодые юноши и девушки корейцы, появились в Тюменской области по существовавшей в Советские годы системе распределения.

Приехали, осмотрелись, оценили преимущества растущего нефтегазового региона и решили обосноваться если не навсегда, то на долгие годы. Постепенно обзавелись семьями, работой, собственным бизнесом.

Вслед за первыми поселенцами подтянулись другие члены семей: сестры, братья, дальние родственники. Когда есть тепло, взаимная поддержка и понимание, это дает сил и не позволяет сбиться, расслабиться, потерять веру в собственные силы.

Непосредственно в Тюмени живет более 400 корейцев. Сама тюменская диаспора корейского народа существует с 1994 г.

До сих пор тесную связь люди продолжают поддерживать

---

118) Всероссийская перепись населения 2010 г. [Электронный ресурс] URL: www.perepis2010.ru Дата обращения 24.10.2017

со второй своей Родиной – Казахстаном, Узбекистаном, где прошли детство и юность, где остались родственники, друзья, знакомые. Не реже раза в год, а то и чаще бывают там, отдыхают душой, навещают своих, справляют свадьбы, ассанди и другие значимые в жизни корейцев праздники.

У истоков создания Тюменской общественной организации корейцев «Единство»[119] стояли Ким Владимир Александрович, Огай Владимир Петрович[120] и др.

Первым руководителем стал летчик Ким Владимир Александрович с 1985 по 1989 гг. Он полность погрузился в организацию рабочих процессов корейской ассоциации. Благодаря его стараниям при государственном университете была выделена аудитория, где проходили занятия по корейскому языку, которые вел преподаватель из Северной Кореи.

Кима В. А. сменил на посту председателя директор совхоза «Рощинского» **Огай Владимир Петрович с** 1989 по 1998 гг. При нем продолжалось обучение корейскому языку, становление организации, сплочение корейцев,

---

119) Тюменское Областное Общественное Объединение Корейцев «ЕДИНСТВО»

120) К сожалению, более подробной информации о жизни и деятельности Ким В.А., Огай В.П. Ли В. А., Пак А. П., Ли Владимира Борисовича , Ли Виктора Борисовича, Ли Ен Дин найти не удалось. Представители Общественного объединения по телефону и посредством электронной почты оченб не охотно идут на контакт, особенно их смущают вопросы по предоставлению личных данных.

организация взаимной помощи.

Затем во главе организации были **Ли Виктор Алексеевич** 1998 – 2000 гг., **Пак Александр Петрович** 2000 –2001 г., **Ли Владимир Борисович** 2001 – 2003 гг., **Ли Виктор Борисович** 2003 – 2009 гг., **Ли Ен Дин** 2009 -2012 г. и сейчас возглавляет общество **Тен Алексей Федорович** с 2012 г. Каждый из них внес весомую роль в создание, развитие, поддержание статуса общества.[121]

Ежегодно, на протяжении 20 лет «Единство» проводит пять крупных мероприятий областного значения на

Сонлаль 2015.г. Тюмень

---

121) XX-летие Тюменской областной общественной организации корейцев «Единство» [Электронный ресурс] URL: https://koryo-saram.ru/hh-letie-tyumenskoj-oblastnoj-obshhestvennoj-organizatsii-korejtsev-edinstvo/ Дата обращения 01.08.2020

высоком уровне – это «Сонлаль», «Тано», «Чхусок», показательное подворье диалога культур «Мост дружбы», межнациональный фестиваль «Радуга».

Благодаря работе ТОООК «Единство», умению вовлечь в деятельность сподвижников, повести за собой людей, в Тюменской области формируется положительный образ «коре сарам» в глазах многонационального общества.

Крейцы Тюменской области во главе с руководителем Теном Алексеем Федоровичем принимают активное участие в жизни «коре сарам», включая региональные и международные форумы.

Руководитель отдела корейской культуры в ДК «Строитель» Пак Людмила Луниновна.

Омская область. Омск

Первые корейцы поселились в Омске в конце XIX в. - их миграция в Азиатскую Россию явилась результатом экономических трудностей на родине, а позднее и установления в Корее японского колониального режима. Большинство корейских мигрантов были объединены в национальные общества, ставившие своей целью освобождение родины от японского ига.

Омск можно считать исторической столицей корейских

перееленцев в пределах Сибири — здесь в 1910 г. возникло первое в этом регионе и одно из первых в России национальное общество.

Вскоре после октябрьского переворота 1917 г. интерес к Омску и национальным меньшинствам, проявило новое правительство. На волне октябрьских событий в Омске было создано общество корейской молодежи. Здесь же некоторое время формально существовала также организация Красного Креста, созданная по инициативе «корейского временного правительства», базировавшегося в Шанхае.

Еще до Февральской революции 1917 г. корейские активисты установили связи с омскими большевиками. Буквально через несколько дней после освобождения города от колчаковцев здесь возникла корейская коммунистическая ячейка.

По данным на конец апреля 1920 г. общая численность корейцев в Омске достигала 238 человек. В 1920-е гг. большая часть корейцев стремилась перебраться на Дальний Восток или даже возвратиться на родину. Рядовые корейцы предпочитали состоять в рядах Корейского рабочего союза - такие союзы были подразделениями иностранных отделов губернских исполкомов в России, а потом в СССР. Но организации такого рода так и не получили окончательного юридического оформления, они фактически действовали автономно, в отрыве от местных профсоюзов и других общественных объединений.

Корейцы пытались по-современному наладить экономическую жизнь своих соотечественников в Омске - в сентябре 1921 г. они планировали создать сельскохозяйственную коммуну.

В социально-демографическом отношении корейцы Омска представляли собой довольно малочисленные, но компактно проживающие, преимущественно мужские городские общины (в Омской губернии за пределами собственно Омска в 1920 г. проживало всего 4 корейца). В дальнейшем численность корейцев в Омском Прииртышье, главным образом в самом Омске, несколько возросла, но никогда не превышала 1 тыс. человек.[122]

В Омске, до начала 1920-х гг. базировались высшие органы государственной и политической власти (Сибирское бюро ЦК РКП и пр.), имевшие профильные подразделения по работе с национальными меньшинствами, в том числе иностранцами из зарубежной Азии. Но в связи с их переводом в Новосибирск центр работы, в том числе с корейцами, перемещается туда же, снижается и активность местных корейцев, тем более что большая их часть выезжает на Дальний Восток либо на историческую родину. Дальнейшая история корейской общины в Омске

---

[122] Бойко В.С., Корейская община Западной Сибири [Электронный ресурс] URL: http://hist.asu.ru/bfccri/boiko.html Дата обращения 20.11.2017

развивалась по тому же пути, что и в других регионах.

Омск стал в 1990-е гг. одной из главных площадок демократического движения. Он же стал трамплином для блестящей политической карьеры **Ким Ен Уна (Евгения Евгеньевича Кима)**[123] — выходца из рабочей семьи сахалинского корейца, позднее политолога Омского государственного университета, ставшего при поддержке влиятельных московских кругов депутатом Верховного совета СССР, а потом и лидером корейского национально-культурного движения в масштабах Содружества независимых государств, то есть всего постсоветского пространства. Ким Ен Ун был избран президентом МККА — Международной конфедерации корейских ассоциаций (1992–2002), а впоследствии перешел на научно-аналитическую работу в области корееведения в Институт Дальнего Востока РАН в Москве, где трудится и поныне.

В Омске с начала 1990-х гг. существует отделение Общероссийского объединения корейцев. Местную организацию корейцев на протяжении ряда лет возглавляют **Татьяна Реевна Сим** и ее муж **Александр Романович** Ким. Родители Татьяны родились в Узбекистане, но в годы перестройки, как и многие корейцы, переехали в Россию.

---

123) Ведущего научного сотрудника Центра корейских исследований Института Дальнего Востока РАН Ким Ен Ун. [Электронный ресурс] URL: http://www.ifes-ras.ru/online-library/author/63. Дата обращения 23.11.2017.

Представители отделения Общероссийского объединения корейцев г. Омск

В Омске с 2010 г. работают группы по изучению корейского языка, уроки ведет Ким Хе Сан, приехавшая из Кореи 20 лет назад. Занятия бесплатные, но первоначально набиралось не более пяти человек в группу, нопостепенно количество интересующихся увеличивалось с каждым годом, и через год в группе было уже 15, а затем и 40 обучающихся. На курсах по изучению корейского языка этнических корейцев очень мало, большинство обучающихся это русские — в основном молодежь, ориентированная на учебу в университетах Южной Кореи или на ведение бизнеса с предпринимателями этой страны.[124]

---

124) Татьяна Сим: «у Корейцев семейные ценности – на первом месте»[Электронный ресурс] URL: http://omskregion.info/news/16786-

Участники 2-го конкурса устных выступлений на корейском языке в г.Омске

Сольналь г. Омск 2019 г.

---

tatyana_sim_u_koreytsev_semeyne_tsennosti__na_perv/ Дата обращения 22.11.2017 г.

Если говорить о корейской общине Омска, то она отражает общие тенденции жизни и деятельности российских корейцев в России: умеренная корпоративность, открытость, сбалансироанный интернационализм и сдержанный патриотизм, высокий уровень интеллектуальности, политическая лояльность власти и проявления политического же либерализма.

Оновными сферами деятельности корейцев Сибири являются: наука и образование (24%), бизнес и предпринимательство (18%), медицина (11%), сфера услуг (11%), финансы (9%), строительство (7%) и проч. Корейцы уверенно занимают профессиональные и другие ниши в местном социуме, они готовы к конкуренции на этом поприще — обстоятельства приучили их иметь психологический и иной запас, защиту от реальных и возможных невзгод, и уметь дожидаться и достигать успеха.

По Всероссийской переписи 2010 г. в Омской области проживает 705 корейцев.

Республика Алтай

На Алтае первые корейцы появились на рубеже XIX - XX вв., а в 1928 г. в Рубцовской степи, на границе русского и казахского этнических анклавов СССР было заложено первое корейской поселение, хозяйственно оформившееся как коммуна «Новая Корея». В разных районах Российского Алтая — в Рубцовской степи на его административной границе с казахскими землями, и в поселке Урала — центре Ойратской автономной области, - в конце 1920-х гг. появились особые территориально-производственные объединения — коммуны (затем преобразованные в колхозы) этнического (преимущественно корейского) состава. Их было всего две, но онихорошо зарекомендовали себя и в экономической, и социально-культурной, и образовательной сферах. Однако этот унрикальный социально-хозяйственный эксперимент был грубо прерван в 1936 — 1937 гг. репрессиями и этническпми чистками сталинского режима, в результате которых большая часть корейцев-мужчин была уничтожена без суда и следствия, а немногие уцелевшие в конце 1940-х — начале 1950-х гг. подвергнуты незаконным преследованиям

После насильственного переселения 1930-х гг. корейцев на Алтае не осталось, и только с 1947 г. началась вторая волна миграции, на Алтай стали прибывать корейские спецпоселенцы, и в результате здесь сформировалась небольшая корейская община, в отдельные годы достигавшая чуть более 500 человек. В период политической оттепели 1960-х гг. и перестройки конца 1980-х гг. на Алтай стали прибывать этнические корейцы — специалисты различных отраслей, бывшие репрессированные, их родственники. Лишь единицы из числа первых поселенцев пережили катаклизмы предвоенного и военного времени, но именно они оказались самыми стойкими.

Новым толчком к миграционной активности стал распад СССР и кризисные 1990-е гг., когда произошел небольшой прирост численности корейцев, за счет притока корейцев из центрально-азиатских республик. По мнению многих исследователей, несмотря на усилия по налаживанию связей с исторической родиной и попытки самоорганизации, корейская община Алтая не добилась каких-либо ощутимых результатов по сохранению культуры и языка. Корейцы ассимилировались и уже в третьем поколении утратили язык, а единичные носители родного языка и культуры и Корейский краевой национальной культурный центр, который, несмотря на периодические вспышки активности, все же остается организацией на бумаге, оказались не в силах переломить эту тенденцию.

Согласно данным переписи 2002 г., в Алтайском крае проживало более 1300 этнических корейцев,[125] следующая перепись 2010 г. показала - 1214 человек[126]

---

125) Всероссийская перепись населения 2002 г. [Электронный ресурс] URL:: www.perepis2002.ru Дата обращения 24.10.2017.

126) Всероссийская перепись населения 2010 г. [Электронный ресурс] URL: www.perepis2010.ru Дата обращения 24.10.2017.

Среди самых укорененных жителей Алтая — потомки Ли Чан Себа — одного из первых корейских коммунаров, переселившихся с Дальнего Востока вглубь России еще в конце 1920-х — 1930-е гг. Кроме того, он был одним из двух уцелевших после сталинских репрессий членов колхоза «Новая Корея», организованного корейскими поселенцами в Рубцовской степи близ с. Веселоярск накануне массовой коллективизации советской деревни. Первую свою семью Ли Чан Себ[127] потерял в результате ареста в 1937 г.[128] - его мать Анна Ча, жена и двое детей уехали к родственикам в Узбекистан и, даже освободившись из заключения в конце 1940- гг., он с ними уже никогда не встречался, тем более что в трудовом лагере обзавелся новой семьей — финка Хельма Раутонен родила ему сначала двоих (умерших по дороге на Алтай от холода), а потом еще пятерых детей — двоих сыновей (Анатолия и Виктора) и трех дочерей (Нину, Галину и Марину). После ранней смерти жены Ли Чан Себ — скромный учитель труда в Веселоярской средней школе

---

127) Бойко В.С. Корейцы на Алтае: особенности хозяйственной жизни и социального устройства общины// [Электронный ресурс} URL: https://koryo-saram.ru/korejtsy-na-altae-osobennosti-hozyajstvennoj-zhizni-i-sotsial-nogo-ustrojstva-obshhiny/ Дата обращения 25.06.2020

128) Ли Чан Себ Родился в 1913 г., Приморская обл.; кореец; Член к-за «Новая Корея». Проживал: Рубцовский р-н. Арестован 20 апреля 1938 г. Приговорен: Особое совещание при НКВД СССР 14 сентября 1938 г., обв.: по ст. 58-6, 9, 11. Приговор: 5 лет. Реабилитирован 15 ноября 1957 г. военным трибуналом СибВО дело прекращено за отсутствием состава преступления // [Электронный ресурс] URL: http://lists.memo.ru/d20/f154.htm Дата обращения 25.06.2020

Рубцовского района Алтайского края, сам поднимал своих детей, причем младшие были к тому моменту еще дошкольниками, а то и вовсе крошками (например, Марине было всего около года). Сам Себ Алексеевич (так уважительно его обычно звали односельчане, коллеги-учителя и ученики) прожил долгую и трудную жизнь — его не стало в 1999 г. в возрасте 85 лет, а его потомки — дети, внуки и правнуки до сих пор живут на Алтае, в силу обстоятельств мало, что зная о резких поворотах его судьбы, хотя у старшей дочери Нины хранится тетрадка с отрывочными воспоминаниями отца о своем горьком детстве и зрелой жизни.

Как же складывается судьба послевоенного поколения семейства Ли - к исходу 2010-х гг. почти все они достигли пенсионного возраста, и можно подводить хотя бы предварительные, или промежуточные, итоги. Ясно одно — Ли Чан Себ после потери жены в одиночку справился с чрезвычайно трудной задачей воспитания большой семьи, и в этом состоит его гражданский и человечекий подвиг - все его дети достойно несут свою социальную миссию, сохраняя память об отце и уже свои большие семьи — практически все они смешанные, но в каждой из них есть частица корейской души.

Старший из детей Ли Чан Себа, Анатолий Себович Ли,[129]

---

129) Данные о предпринимательской деятельности. [Электронный ресурс] URL: https://sbis.ru/contragents/228400402204 Дата обращения

до недавнего времен занимался строительным бизнесом и организацией розничной торговли в пределах Алтайского края, Виктор Себович Ли[130] выбрал карьеру военного — окончив Барнаульское высшее военное училище летчиков (БВВАУЛ), он большую часть службы провел на Урале, где живет и поныне в Екатеринбурге. А все женщины семьи Ли (Нина, Марина) живут в г. Рубцовске Алтайского края — когда-то крупном промышленном центре Азиатской России, ныне скромно выживающем за счет приграничного с Казахстаном положения транзита торговых и миграционных маршрутов.

Современная корейская община Алтая, несмотря на относительную малочисленность и «нечеткость» этно-культурного профиля, заметна на общем социальном фоне – ее представители есть во всех сферах общественной жизни края. Так, Алтайскую академию экономики и права – до недавнего времени один из самых авторитетных в регионе негосударственных вузов – многие годы возглавлял ее создатель, профессор-юрист Леонид Васильевич Тен[131] (1939 — 2015).

27.11.2019 г.

130) Барнаульским ВВАУЛ [Электронный ресурс] URL: https://vaul.ru/component/content/article/23-1974/548-li-viktor-sebovich?Itemid=101 Дата обращения 20.11.2019 г.

131) Известные ученые. Тен Леонид Васильевич. [Электронный ресурс] URL: https://famous-scientists.ru/2640 Дата обращения 22.11.2019 г.

В Горно-Алтайске живет и работает сын ветерана Великой Отечественной войны Владимира Иннокентьевича Пака[132] и внук председателя первого и единственного в этом крае корейского колхоза им. Томми Иннокентия Пака — Игорь Владимирович Пак.[133] Он — заслуженный врач Российской Федерации, работал заведующим рентгенодиагностическим отделением республиканской больницы, но даже ему с его огромным професссиональным опытом и общественной активностью (Игорь Владимирович — депутат нескольких созывов республиканского парламента) с большим трудом и лишь к 2005 г., к 60-летнему юбилею Великой Отечественой войны — удалось доказать невиновность отца. При этом брату Владимира Иннокентьевича Ивану в суматохе первых военнных дней 1941 г. удалось попасть в действующую армию и зарекомендовать себя, как смелого разведчика. Иван Иннокентьевиич Пак[134] тоже после демобилизации вернулся на Алтай, но избрал для жизни и работы индустриальный Рубцовск. Ему же в пост-советские годы довелось увидеть разрушение промышленного потенциала

---

132) Советские Корейцы — Ветераны ВОВ — Дроздовский (Ни) Владимир Иннокентьевич (Афанасьевич).. Корейское радио. [Электронный ресурс] https://koreanradio.info/6760-2/ Дата обращения 20.11.2019 г.

133) История медицины. Пак Игорь Владимирович [Электронный ресурс] URL: https://история.авра.рф/index.php/ПАК_Игорь_Владимирович Дата обращения 22.11.2019 г.

134) Корейцы — Ветераны Великой Отечественной Войны [Электронный ресурс] URL: http://www.arirang.ru/veterans/park_ii.htm Дата обращения 20.11.2019 г.

этого важного приграничного центра экономики и культуры. Но как бы то ни было, ни сами ветераны-корейцы, прошедшие неимоверные испытания военного времени вперемежку с репрессиями и длительной социально-психологической дискриминацией, ни их дети не потерялись в пост-советских перипетиях 1990-х гг. и последующего периода.

Следует отметить, что корейцы, оказашиеся на западе Сибири и на Урале, чаще чем их соотечественники на Дальнем Востоке, заключали смешанные браки. В массе своей это были и есть счастливые союзы, хотя такая практика является нарушением традиции, поскольку размывает и ослабляет корейскую общину. Но именно так сложилась судьба Натальи Александровны Старостенковой (корейское имя - Ок Хи).[135]

В послевоенные годы и после распада СССР корейская община Алтая пополнилась выходцами из других республик бывшего СССР, и прежде всего среднеазиатских. Продолжалась корейская миграция и по внутрироссийским маршрутам — так, в середине 1960-х гг. по семейным обстоятельствам, связанным со здоровьем, на Алтай из Ленинграда переехал известный филолог-востоковед

---

135) Алтайский государственный технический университет им. И.И. Ползунова [Электронный ресурс] URL: https://www.altstu.ru/structure/chair/fiz/staff/1676/ Дата обращения 20.09.2019 г.

Геннадий Александрович Пак[136] (1930 - 2004) – здесь к тому времени обосновались его родители и старшая сестра Ася Александровна Пак с мужем Андреем Трофимовичем Цхай.[137] Ася Александровна – профессиональный историк, многие годы она проработала в Алтайском политехническом институте (ныне – Алтайском государственном техническом университете). В начале 1990-х гг. Геннадий Александрович Пак на общественных началах вел уроки корейского языка в воскресной школе, занятия в которой посещали не только этнические корейцы, но и все желающие. Тогда же он по поручению Министерства образования РФ возглавил единственную в своем роде виртуальную научную лабораторию по корейскому языку - в столице были хорошо известны его опыты по созданию новой методики преподавания русского языка для иностранцев, другие филологические эксперименты. В последние годы Геннадий Александрович много работал над созданием русско-корейского словаря и учебника корейского языка для иностранцев. Это был человек колоссальных знаний, высокой культуры, настоящий интеллигент, педагог и

---

136) Алтайский государственный педагогический университет [Электронный ресурс] URL: https://old.altspu.ru/phyl/phyl_history/page/2/ Дата обращения 20.11.2019 г.

137) Я хочу рассказать о двоюродном дедушке – Цхай Андрее Трофимовиче. [Электронный ресурс] URL: https://koryo-saram.ru/irina-tshaj-ya-hochu-rasskazat-o-dvoyurodnom-dedushke-tshaj-andree-trofimoviche/ Дата обращения 20.11.2019 г.

ученый, умеющий расположить к себе человека любого возраста и рода занятий. Это в полной мере испытали его близкие – жена Тамара Михайловна, дочь, внуки, - а также все те, кому по жизни довелось работать или общаться с ним. Геннадий Александрович готовился к новому учебному году, встрече со студентами, но в конце августа 2004 г. стало.

На Алтае в 2006 г. когорту генералов пополнил кореец Тимофей Дясенович Пан.[138] Получив диплом инженера в Новосибирском строительном институте, он вскоре перешел на службу в органы внутренних дел, а в 1990-е годы оказался на одном из самых опасных участков - старшим оперуполномоченным по особо важным делам для борьбы с организованной преступностью при УВД Новосибирской области. Наращивая профессионально-образовательный потенциал, окончил также академию МВД, защитил кандидатскую диссертацию и опубликовал множество работ по проблематике своей научно-прикладной специализации. Был назначен заместителем начальника ГУВД Алтайского края по экономической безопасности. Служил на Кавказе, награжден орденом «За личное мужество» и многими медалями.

Корейцы и в Сибири, и на Урале дают многим своим

138) Russian Koreans - Корейцы СНГ – 고려사람 [Электронный ресурс] URL: https://vk.com/wall-34822693_6188 Дата обращения 12.11.2018 г.

российским соотечественникам фору в во многих сферах, в том числе и юриспруденции. На Алтае значительная часть различных отраслей судопроизводства и функциональных профилей от менеджмента до ведения уголовного процесса, от дорожно-патрульной службы до борьбы с организованной преступностью и прокурорского надзора освоена этническими корейцами. Виктор Михайлович Огай[139] — многолетний председатель Алтайского краевого арбитражного суда, муж Татьяны Ивановны Огай руководителя корейского национального центра. [140]

Светлана Петровна Цхай[141] организовала школу корейского языка и много лет отдала подготовке творческой молодежи в Барнаульском колледже культуры.

Она, вместе с группой таких же энтузиастов, создала в Барнауле корейский культурный центр. В 1991 г. Светлана Петровна в составе делегации соотечественников впервые попала в Республику Корея. Эта поездка стала возможной благодаря специальной программе «Кореада», в рамках

---

139) Судьи России [Электронный ресурс] URL: https://судьи-россии.рф/sudii/view/id/33111/from/4 Дата обращения 12.11.2018 г.

140) Бойко В.С. Корейцы на Алтае: особенности хозяйственной жизни и социального устройства общины// [Электронный ресурс] URL: https://koryo-saram.ru/korejtsy-na-altae-osobennosti-hozyajstvennoj-zhizni-i-sotsial-nogo-ustrojstva-obshhiny/ [Дата обращения 25.06.2020]

141) Бойко В.С. Корейцы на Алтае: особенности хозяйственной жизни и социального устройства общины// [Электронный ресурс] URL: https://koryo-saram.ru/korejtsy-na-altae-osobennosti-hozyajstvennoj-zhizni-i-sotsial-nogo-ustrojstva-obshhiny/ [Дата обращения 25.06.2020]

которой раз в два года южнокорейская сторона приглашает соотечественников, живущих за рубежом («темко») на встречу – для них устраиваются экскурсии и поездки по стране. Частично финансирование «Кореады» берет на себя Япония – она выделяет средства, прежде всего для корейцев – выходцев из Сахалина, некогда насильственно переселенных в эти места, для укрепления азиатской этнической основы Курильских островов. Однако, программа со временем была закрыта, а немногочисленная корейская община Алтая не смогла поддерживать активную деятельность организации и перестала официально существовать в 2015 г.

Несмотря на то, что Светлане Петровне Цхай удалось получить для корейской воскресной школы комплекты учебников из Южной Кореи и учебно-методические записи из Северной Кореи, школа просуществовала всего около двух лет: если на первых порах не было никаких трудностей с помещением и другими необходимыми элементами этого культурно-образовательного проекта, то позднее возникли финансовые и прочие материальные проблемы - надо было платить арендную плату, решать организационно-правовые вопросы. В таких случаях на помощь приходила местная власть и/или бизнесмены, но немногочисленная корейская община Алтая не нашла в своих рядах подходящих спонсоров, что в итоге обусловило свертывание ее активности во второй половине 1990-х гг.

С 2006 г. Алтайской краевой общественной организацией «Корейский национальный культурный центр» руководит Ким Гё Мун (Геннадий Михайлович Ким),[142] предприниматель в сфере экологическоо туризма, владелец базы отдыха в Горном Алтае. Целью национального культурного центра стало содействие сохранению самобытности, развитию языка, образования, национальной культуры корейского народа, развития и укрепления межнациональных связей и организация культурно-просветительского обмена.[143]

Национальный центр долгое время был и пока остается главным выражением самоорганизации корейской диаспоры Алтая, в котором молодежь находит возможность проявить себя.

Томская область. г. Томск

Томск — один из старейших городов Азиатской части России, разменявший пятый век своей истории. Несмотря

---

142) Бойко В.С. Корейцы на Алтае: особенности хозяйственной жизни и социального устройства общины// [Электронный ресурс] URL: https:// koryo-saram.ru/korejtsy-na-altae-osobennosti-hozyajstvennoj-zhizni-i-sotsial-nogo-ustrojstva-obshhiny/ Дата обращения 25.06.2020

143) Там же.

на свое периферийное положение, он издана играл важную роль в экономике Сибири, а с основанием здесь в 1880-е гг. университета претендовал и на положение культурно-образовательной столицы этого гигантского региона. Интересно отметить, что исторически первые упоминания о корейцах в Томске[144] как раз связаны с местным университетом - там, например, в 1919 г. учился Василий Глебович Ким.[145]

Но все же первый массовый приезд корейцев состоялся вскоре после окончания Второй мировой войны, и это случилось вопреки тогдашнему новому статусу Томска, как закрытого города с секретныи производством (Сибирский химический комбинат). Согласно исследованию, проведенному заведующей Сектором Центра современной документации Л.Н.Приль (Томск) на основании партийных и комсомольских архивных данных, 5 октября 1946 г. в Томск прибыла группа молодежи (99 человек) из Северной Кореи для получения высшего образования в возрасте от 18 до 30 лет. Среди них было 68 юношей и 31 девушка. Корейских студентов прикрепили к трем томским вузам: Томскому электромеханическому институту инженеров транспорта

---

144) Ли В.Д. О томичах -корейцах: Воспоминания, факты, события. Томск: ТТ, 2006. 296 с.

145) Ким Василий Глебович (1896) [Электронный ресурс] URL: https://ru.openlist.wiki/Ким_Василий_Глебович_(1896) Дата обращения 03.04.2018 г.

— 39 человек, из них 7 девушек; Томскому медицинскому институту — 20 человек, из них 8 девушек; Томскому педагогическому институту — 40 человек, из них 16 девушек. За ними всеми присматривали политруки из числа советских корейцев, но таких в Томске нашлось только трое – Тё, Магай, Цой. В тот момент никто из томичей не владел корейским языком, в городе даже не нашлось русско-корейского словаря. Практически все приехашие в Томск корейцы получили японоязычное образование в школах и гимназиях оккупированной Японией Кореи, что только осложняло их учебу в СССР, но они неплохо понимали разговорную английскую речь, и с помощью студентов-филологов постпенно осваивали новые для них знания и программы.[146]

По состоянию на начало 2000-х гг. в Томске официально проживало 1149 корейцев, в 2002 г. их признали коренным населением.

В 1989 г. по инициативе генерального директора Томского завода резиновой обуви Ооямы Ен-Бок была создана, одна из первых в СССР, Ассоциация советских корейцев г. Томска, а в 1992 г. - преобразована в Ассоциацию российских корейцев г. Томска.

---

[146] Приль Л.Н. Обучение северо-корейских студентов в томских вузах [Электронный ресурс] URL: https://cdnito.tomsk.ru/2006/04/04/обучение-северо-корейских-студентов/ Дата обращения 03.04.2018 г.

В 2000 г. после выхода Закона о национально-культурных автономиях Ассоциация была преобразована и зарегистрирована как Томская городская национально-культурная автономия корейцев. В 2004 г. городская НКА перерегистрирована в региональную национально-культурную автономию корейцев в Томской области.

Большую роль в становлении организации и развитии направлений сыграл первый председатель НКА, возглавляющий ее более 15 лет, Олег Петрович Ким.[147] В настоящее время председателем Совета НКА является Пак Евгений Владимирович.[148]

Корейская автономия была создана с целью укрепления атмосферы мира, дружелюбия, безопасности и взаимопонимания в местах компактного проживания корейцев, содействия их сотрудничеству в сферах образования, культуры, искусства, науки и спорта. Одной из первостепенных задач признавалось содействие возрождению национального самосознания, сохранение и возрождение корейского языка, изучение традиций и культуры исторической родины.

Автономия корейцев - активно действующая организация,

---

147) Такие близкие соседи. Константин Ким, Корё Ильбо, 14.09.2012 [Электронный ресурс] URL: http://www.arirang.ru/news/2012/12094.htm Дата обращения 04.04.2018 г.

148) Региональная национально-культурная автономия корейцев в Томской области [Электронный ресурс] URL: https://admin.tomsk.ru/pgs/9uf Дата обращения 04.04.2018 г.

в которой успешно развиваются международное, творческое, спортивное, молодежное направления деятельности.

Ким Олег Петрович внес значительный вклад в установление дружеских отношений между городами-побратимами Томском и Ульсаном. В настоящее время отношения развиваются в сфере образования, науки, культуры и бизнеса.

При организации открыт и успешно действует молодежный центр «Аннён»,[149] главной задачей которого является презентация корейской культурной идентичности («корейскости»). Но, как подчеркивает исследователь местной корейской молодежной субультуры, «пока можно констатировать снижение интереса и потребности у корейцев в манифестации своей этничности. На первый план выходят другие ценности. Главная миссия Центра – повышение национального самосознания представителей корейской молодёжи. Молодежный центр регулярно организует различные культурно-массовые мероприятия, занимается проектной деятельностью. В 2012 г. в рамках муниципального гранта реализован проект «Есть контакт!» в номинации «Преемственность поколений», в ходе которого участники проекта работали с воспитанниками социально-реабилитационного центра для несовершеннолетних

---

[149] Молодежный Корейский Центр «Аннён» г.Томск [Электронный ресурс] URL: https://vk.com/anyong Дата обращения 22.08.2020

детей «Луч» г. Томска по формированию культуры межнациональных отношений, интернационального сознания через проведение совместных мероприятий. Взаимодействие с центром продолжается по настоящее время, НКА выступает в роли шефской организации. Масштабные проекты реализованы в рамках конкурса социальных проектов Администрации Томской области.

В организации созданы и успешно развиваются творческие коллективы: вокально-хореографический ансамбль «Ариран», ансамбль народных инструментов «Самульнори». Ансамблю «Ариран» присвоено звание народного самодеятельного коллектива. На протяжении 12 лет ансамбль поддерживает, развивает и распространяет национальные традиции корейского танца и песни не только в Томске, но и в других городах СФО. Творческие коллективы - неоднократные лауреаты областных, региональных и международных фестивалей, постоянные участники общегородских социально значимых мероприятий. В реквизите ансамблей костюмы и музыкальные инструменты из Кореи.

Большое внимание уделяется популяризации идеи здорового образа жизни, НКА тесно взаимодействует с Федерацией Тхэквондо Томской области, молодежные команды постоянно участвуют в спортивных соревнованиях среди национально-культурных объединений города

(Межнациональный турнир по футболу, Кубок Наций).

В 2014 г. проведены мероприятия, посвященные 150-летию добровольного переселения корейцев в Россию. Знаменательный год отмечен рядом масштабных мероприятий международного уровня. НКА выступила инициатором и организатором участия делегации Томской области в Корейско-российском инвестиционно-инновационном форуме в Ульсане. С участием представителей Республики Корея в Томске состоялись бизнес-семинары, спортивные мастер-классы, неделя корейского кино, фестиваль корейской культуры, а также Международный молодежный Форум «Вместе мы – сила!». Форум проходил под патронажем Минобрнауки РФ. В рамках Форума проведены конференции, дискуссионные площадки, творческие мероприятия, посвященные вопросам межнациональных отношений в молодежной среде. Форум стал значимым событие области, формирующим имидж региона, как территории мира и согласия.

За минувшие почти 20 лет томские корейцы проделали огромную работу, которая не прерывалась и в период острейших для России экономических и международно-политических кризисов (2008, 2014-2015 гг.).

В конце февраля — начале марта 2014 г. состоялся визит делегации Томской области в Республику Корея, в составе которой были О.П. Ким, председатель региональной национально-культурной автономии корейцев; Л.В. Пак, заместитель председателя региональной национально-культурной автономии корейцев.

В апреле 2015 г. Томский государственный педагогический университет (ТГПУ) объявил о старте всероссийского конкурса на лучшее сочинение на русском языке «Почему мое будущее связано с Россией». Конкурс был посвящен 150-летию добровольного переселения корейцев в Россию, а его участниками стали корейцы, обучающиеся в РФ.[150] Среди школьников лучшей признали работу Вероники Ким из Томского гуманитарного лицея — она, как и другие лауреаты и участники конкурса, полагает, что самое точное определение их идентичности - российские корейцы, - оно наиболее точно отражает культурно-лингвистическпй профиль и систему ценностей этого народа, независимо от его внутрироссийской географии и политических пристрастий.

Много усилий для поддержания активности корейской общины Томска предпринимает председатель совета старейшин национальной культурной автономии корейцев Томской области, доцент ТГАСУ Владимир Даюнович Ли.[151]

---

150) С корейской фамилией и русской душой: как живут корейцы в России//[Электронный ресурс] URL: https://ria.ru/20140612/1011761811. html Дата обращения 04.04.2018 г.

151) Ли В.Д. О томичах-корейцах: Воспоминания, факты, события.

Он — из первой волны корейской молодежи послевоенных лет, но до сих пор не утратил юношеского энтузиазма и задора.

Интерес к корейской культуре выступает как один из факторов объединения, но не единственный. Все больше появляется среди участников МКЦ молодежи некорейской национальности. В основном это люди, интересующиеся корейским языком, традициями, корейской культурой».[152]

Томск: STT, 2006. 296 с.

152) Лукьянова Е.О. Кто они, молодые корейцы Томска? (Символическое пространство корейского молодежного центра «Анен») //Вестник Томского государственного университета. История. 2015. № 5. С. 141

Глава 4

Три поколения «Коре сарам» в обществе Западной Сибири и Урала (политика, экономика, культура)

Как уже отмечалось выше, в настоящее время корейскую общность на территории России можно рассматривать в рамках трех поколений.

Старшее поколение (СОНБЭ) «дети войны», являются лидерами в корейском сообществе. Они являются основой общества, так как сохранили знание и значение для повседневного существования корейского языка, стереотипов внутрисемейных и общественных норм поведения и активно используют его в обыденной жизни.

Кроме того, они имеют более сильную национальную идентичность.

Среднее поколение (КИСОН) «дети перестройки», которое, на сегодняшний день является наиболее активным и играет ключевую роль в современном российском обществе и формирует представления о корейцах. Однако по сравнению со старшим совсем среднее поколение либо не знает языка, либо знает на уровне просторечия и в основе их деятельности лежит не стремление сохранения культуры и традиций, а улучшение качества жизни. И связано это с тем, что в процессе этнической самоидентификации у среднего поколения сложилась совсем другая культурная установка, так как реальной востребованности такого определяющий элемента этнической традиции, как язык - не было. В силу этого в сознании среднего поколения, уже на ранних этапах социализации складывалась двойственная картина этнической идентификации.

Эта точка зрения разделяется и младшим поколением, так как круг их общения весьма разнообразен в этническом плане. Воспитываясь в рамках правил и норм, соответствующих представлениям о корейском стиле жизни (почитание старших, сдержанность, уважение к знаниям и т.п.), молодежь, оторвавшись от семьи, сталкиваются с другим образом жизни, где реалии их семейных норм становятся не актуальными в их окружении.

Представители молодого поколения, которое является будущим «корё сарам» и определяет направление движения корейского сообщества в будущем, сталкиваются со сложностью этнической идентификации себя из-за разрыва связь поколений, и поэтому они не могут в полной мере ощущать себя корейцами.

Поколения конструируют свою идентичность в зависимости от политических реалий времени их социализации, от нужности тех или иных культурных характеристик в конкретном обществе. Правильное определение элементов в преемственности поколений, дает возможность по новому раскрыть историю корейской общности в России, которая охватит прошлое, настоящее и будущее.

Для корейской диаспоры факторами, объединяющими и обособляющими их от прочих культурных сообществ, являются, национальные традиции и обычаи, и «особый менталитет». При этом под особым менталитетом, как правило, подразумеваются различные понятия от ритуального поведения, до осознания родства всех корейцев как членов одной громадной семьи.

Общее историческое прошлое воспринимается как вторичный интегрирующий принцип, так как среди корейцев немало и представителей старшего (второго-третьего) поколения иммигрантов, поэтому трудно говорить о совершенно одинаковой исторической судьбе всех российских корейцев, даже совершенно отвлекаясь от социальных, профессиональных, возрастных и иных различий, влияющих на их общественно-экономическое и политическое положение.[1]

Большое значение придается не столько реалиям исторической судьбы корейцев, сколько представлению о некотором сходстве культуры людей, живших долгое время совместно на определенной территории. Характерным проявлением принципа землячества в современной истории является противостояние между различными группами корейцев, приехавших из разных регионов Центральной Азии и Казахстана, когда условно называемые «узбекские» корейцы находились в оппозиции к «таджикским» корейцам и др.

Семья - один из основополагающих социальных институтов традиционного общества. Система больших семей играет важную роль в трансляции образующих корейскую общину социальных связей. Архаичные мифологические представление о времени, пространстве, гармонии воспроизводятся через совместные семейные ритуалы, которые четко регламентированы. Рождение

---

[1] Пак М.Н. Корейцы в Российской империи. Издательство: Международный центр корееведения МГУ, Иркутский государственный педагогический институт. Иркутск, 1994.

ребенка, первый год жизни, свадьба, 60-летие и смерть - события, отмечаемые в обязательном порядке в широком кругу родственников. Взаимопомощь родственников в такие моменты жизни сплачивает семью.

В настоящее время корейская семья претерпевает изменения. Так, например, несмотря на то, что корейцы ориентированы на выбор брачного партнера своей национальности, увеличивается число смешанных браков, значительно сократилось число детей в корейской семье (традиционно в корейской семье было 5-6 детей, то в настоящее время в среднем 1-2 ребенка). Корейские женщины, вступающие в брак, традиционно не меняли своей фамилии, так как фамилия рассматривается как своего рода «приданное» от семьи отца. Фамилия давала право не только на финансовую поддержку со стороны родительской семьи, но и на правовую защиту женщины. Сегодня, вероятно, существование в рамках российского реальности привели к изменениям данного института. Еще одной функцией семьи, является ретрансляция культуры, осмысливаемой её носителями как многовековой этнический опыт, который должен передаваться в процессе социализации, что зависит от степени этнической идентичности индивида.

Следует отметить, что корейская диаспора региона представляет собой поликультурную среду. В процессе социализации у разных поколений корейцев формируется самосознании отличное от представителей других возрастных групп, что обусловлено разностью в историческом и личностном опыте. Однако, несмотря на изменение или исчезновение некоторых поведенческих стереотипов, главным маркером корейской идентичности выступает осознание принадлежности к группе, которая называется «коре сарам», «российские (советские)» корейцы.

В настоящее время можно с уверенностью говорить, что в корейской общине наблюдается процесс аккультурации. То есть, под воздействием доминирующего сообщества практически выходит из употребления корейский язык; молодое поколение корейцев не знает истории своего народа, традиций и обычаев. Многие корейцы считают себя, уже не корейцами, а полностью советскими (русскими) людьми, так как родились в России (СССР), выросли здесь, получили образование и знают русскую культуру лучше, чем корейскую.

Несмотря на это, считать основной тенденцией развития культуры корейцев в России ассимиляцию было бы неверно, так как замена культуры корейцев российской полностью невозможна по той причине, что обе стороны являются и донорами и реципиентами. Это один из факторов, влияющих на конструирование самосознания корейцев, в котором немаловажную роль играют различные национальные организации.[2]

Изучение истории корейской диаспоры в Западной Сибири показывает, что, несмотря на очевидную активность ее политического ядра, патронаж советских административных и партийных органов, она, в силу своей малочисленности и небольшого опыта проживания вдали от родины, не смогла преодолеть многочисленных трудностей переходного периода и не стала сколько-нибудь заметным элементом этно-социальной структуры Омска и других крупных городов западносибирского региона, не говоря уже о сельской местности. Ее уделом становится неуклонная ассимиляция и статус национального меньшинства с неопределенными перспективами сохранения национально-культурной идентичности.

Что касается изменений в социальном состава российских корейцев, то в условиях переходной экономики 1990-х гг. начинается их переход в класс мелких, средних и крупных предпринимателей или другие группы по обслуживанию бизнеса, сферы услуг и пр. Вместе с тем,

---

2) Сон Ж.Г. Формирование нового менталитета русскоязычных корейцев (1990–2014) // Сб. материалов международной научно-практической конференции Русскоязычные корейцы стран СНГ: общественно-географический синтез за 150 лет. Национально-культурная автономия корейцев Новосибирской области. Новосибирский государственный технический университет. Новосибирск, 2014

значительная часть корейской общины на Урале и в других регионах постсоветской России сумела сохранить свой социально-профессиональный статус и даже добиться новых успехов. Фактически, в условиях рыночной экономики и либерализации общественно-политической жизни первых постсоветских десятилетий корейцы сумели не только закрепиться на позициях еще только формирующегося среднего класса российского общества, но и войти во все сегменты его элиты (политический, научно-интеллектуальный, предпринимательский и даже военно-промышленный). В этом ряду А.В. Ким, ведущий научный сотрудник Института математики и механики, победитель конкурса «Лучшие ученые РАН»; профессор, заведующий кафедрой философии УрГУ В.В. Ким; профессор кафедры общей химии УГМА В.Д. Тхай и другие. Уральские корейцы предствлены и в военно-силовой сфере: в Высшем военно-политическом танково-артиллерийском училище преподает полковник В.С. Шин, военный комиссар Верх-Исетского района полковник В.В. Хан — ветеран афганской кампании 1980-х гг. в штабе Уральско-Приволжского военного округа много лет прослужил полковник Г.А. Хан. Но в актив диаспоры входят и представители рабочего класса, например, электрогазосварщик высшей квалификации Ю.А. Хван — ветеран завода «Уралэлектротяжмаш» и другие, о ком пойддет речь далее.

1. Старшее поколение

◎ **Ан Тэ До(Ан Тай До, Ан Сергей Николаевич)**

бывший инспектор в отделе снабжения треста «Свердловскстрой». В документах на корейском языке указано, что Ан Тэ До родился в Корее, в уезде Гехын (계흥군) в 1897 г.(По некоторым данным, представленным в сети Internet, родился Ан Тэ До в 1897 г. в Дальне-Восточном крае, Янчихинская волости, там же получил начальное образование, являлся членом ВКПБ). Ан Тэ До владел русским, корейским, японским, немецким, французским языками и говорил по китайски. После переезда в г. Николо-Уссурийск познакомился с корейцем Ли Кап – руководителем Корейского общества по борьбе против японского империализма. В 1912 г. Ли Кап забрал Ан Тэ До в Санкт-Петербург для работы в Корейском обществе, а в 1913 г. по заданию Ли Кап Ан Тэ До был направлен в город Благовещенск-на-Амуре, работал там в качестве секретаря Корейского общества.[3] В 1915 г. по поручению иркутского отделения Корейского общества для установления связей был направлен в Харбин, с обществом связался, но через 10 дней был арестован японской полицией по доносу. 2 недели находился под стражей, был освобожден под надзор

---

3) ГААОСО. Фонд Р-1. Опись No2. Дело 3395 л. 57

полиции и по совету корейцев бежал из Харбина в сторону станции Пограничная, в 1916 г. прибыл в Екатеринбург. Ан Тэ До пробыл в Екатеринбурге 3 месяца, затем уехал в Пермь, где занял должность заместителя председателя Корейского общества, а потом стал его председателем до Октябрьской революции 1917 г.[4] В 1918 г. Ан Тэ До в течение 3–4 месяцев служил в рядах Красной гвардии, в Окуловском отряде рядовым красногвардейцем. Приход белых войск в 1918 году встретил в Перми, был командирован Урал Облисполкомом в начале 1919 г. на Первый Конгресс Коминтерна в Москве, где выступал в качестве беспартийного.[5] После взятия Перми красными Ан Тэ До переехал в Свердловск, где был создан более сильный Союз корейцев. В 1920–1921 гг. его выбрали сначала секретарем, а затем и председателем союза, на этой должности он работал до 1925 г. С 1923 г. союз стал Областным, Ан Тэ До стал его председателем.[6]

С 1929 г., жил в Свердловске. Был арестован органами ОГПУ по Уралу в апреле 1932 г. по обвинению по ст. 58 п.6 УК РСФСР. Решением Коллегии ОГПУ от 21 октября 1932 г приговорен к высей мере наказания с заменой заключением в концлагерь сроком на 10 лет. Отбывал наказание в г. Кемь Мурманской ж.д., СЛАГ ОГПУ (Соловецкая тюрьма) Особой

---

4) ГААОСО. Фонд Р-1. Опись No2. Дело 3395 л. 58

5) Там же.

6) Там же. Л. 59

тройкой УНКВД ЛО 14 февраля 1938 г. осужден вторично и теперь за «контрреволюционную агитацию среди заключенных» приговорен к высшей мере наказания. Расстрелян в Соловках 17 февраля 1938 г. 09.07.1965 г. его дело было пересмотрено и прекращено за отсутствием состава преступления. Реабилитирован.

◎ Кан Енсун Кесенович[7]

Кан Енсун Кесенович родился 28 декабря 1920 г. в г. Владивостоке. В 1959-1964 гг. – главный геолог треста «Уральскнефтегазразведка»; в 1968-1983 гг. – главный геолог ВПО по добыче газа в Оренбургской области (ООО «Оренбурггазпром»).

Руководил форсированной разработкой Совхозного месторождения. Принимал участие в подсчете запасов и составлении проекта разработки газа Оренбургского месторождения. При освоении Оренбургского нефтегазоконденсатного месторождения руководил технологией вскрытия газовых пластов и опробования скважин с сероводородным газом; участвовал

7) Биография Кан Енсун Кесенович[Электронный ресурс] URL: http://энциклопедия-урала.рф/index.php/Кан_Енсун_Кесенович Дата обращения 12.08.2020

в составлении оптимальных условий разработки. Автор 9 печатных работ.

Енсун Кесенович Кан скончался 2 октября 1984 г. в Оренбурге.

◎ Ким Андрей Иванович[8]

Ким Андрей Иванович родился 22 декабря 1915 г. в селе Благодатное Михайловского района Дальневосточного края.

Отец А.И. Кима, Ким Хигван (Иван) (около 1884–1943), переехал из Кореи в Россию на Дальний Восток в начале XX в. и стал заниматься земледелием. У него было 6 детей от первого брака и 3 от второго. А.И. Ким был 4-м ребенком от первого брака. Мать А.И. Кима – Цой Марья.

Андрей Иванович был женат на Нине Михайловне Кушиновой, кандидате химических наук. Начиная с 1955 г. она работала ассистентом, затем старшим преподавателем, доцентом биолого-химического факультета Томского государственного педагогического института;

Детство Андрей Иванович прошло в сельской местности,

---

8) Ким Андрей Иванович [Электронный ресурс] URL: http://nkvd.tomsk.ru/ researches/passional/kim-andrej-ivanovich/ Дата обращения 21.11.2017

где он в основном жил у дяди и тети со стороны отца, трудился на полях вместе со взрослыми и учился в местной корейской школе. По настоянию отца Андрей Иванович в августе 1930 г. покинул родное село, не зная русского языка смог добраться до станции Бикин, где был зачислен в 4-й класс. Чтобы преодолеть трудности с русским языком, он самостоятельно стал изучать грамматику. После года учебы в школе, выучив русский язык, он был принят на подготовительное отделение педагогического техникума в Имане. Осенью 1933 г. его как отличника направили для продолжения образования на рабфак Иркутского института советского строительства при ВЦИКе. После проверки уровня знаний его сразу зачислили на 2 курс. Вскоре благодаря успешной учебе Андрея Ивановича перевели на 3 (выпускной) курс и премировали пальто и парусиновыми ботинками.

Закончив весной 1934 г. рабфак, Андрей Иванович Ким был принят в число студентов Иркутского института. В том же году этот вуз был переведен в Свердловск, который в 1937 г. Андрей Иванович окончил с дипломом I степени (с отличием) по специальности «юрист-государствовед». В июне–октябре 1937 г. заведовал учебной частью Дальневосточной краевой школы советского строительства в Благовещенске. После депортации осенью 1937 г. проживавших в то время на Дальнем Востоке лиц корейской национальности в Казахстан и Среднюю Азию Андрей Иванович, как и семья его отца, оказался в Узбекистане. В 1937–1939 гг. преподавал историю в школе повышенного типа и заведовал райсобесом в Мирзачуле. В 1939–1943 гг. – студент Узбекистанского (Самарканд) и Средне-Азиатского (Ташкент) университетов. Как отличник учебы, получал стипендию им. Максима Горького. Однако, по не зависящим от него обстоятельствам ему пришлось прервать учебу. В марте 1943 г. – августе 1945 г. А.И. Ким работал директором средней школы № 16 Мирзачульского района Ташкентской области, где преподавал историю и литературу в 8–10-х классах. Педагогическую работу совмещал с общественной, являясь в течение 2-х лет заместителем секретаря партбюро племсовхоза № 10. В 1945 г. Андрей Иванович некоторое время работал инспектором-методистом районо. Осенью того же года он переехал в Свердловск, где вначале учился на факультете журналистики, а затем на филологическом факультете Уральского государственного университета и окончил егов 1946 г. по специальности «филология» с присвоением квалификации «научный работник и преподаватель высшей и средней школы».

В 1946–1948 гг. работал старшим преподавателем кафедры марксизма-ленинизма Уральского политехнического института. Одновременно заведовал отделением иностранных студентов. В 1948 г. поступил в аспирантуру кафедры государственного права Саратовского юридического института им. Д.И. Курского.

После окончания аспирантуры в 1951 г. А.И. Ким был направлен на работу в Томск. С 16 августа 1951 г. работал преподавателем, затем с 1 сентября 1952 г. – старший преподавателем, а с 6 марта 1953 г. – заведующим кафедрой теории и истории государства и права Томского государственного университета. С 1952 г. А.И. Ким вошел в совет Томского государственного университета. С 1 сентября 1952 г. был назначен деканом юридического факультета, а с 1 сентября 1955 г. по 29 август 1960 г. – деканом экономико-юридического факультета Томского государственного университета. С 1 сентября 1954 г. занимал должность доцента, затем с 30 марта 1966 г. – профессора, а с 1 октября 1966 г. – заведующего кафедрой государственного и административного права Томского государственного университета. 24 декабря 1966 г. А.И. Ким был утвержден ВАК в ученом звании профессора. С 9 сентября 1966 г. по 1 сентября 1970 г. был деканом юридического факультета (в настоящее время Юридический институт) Томского государственного университета. С 1 ноября 1992 г. Андрей Иванович был профессором-консультантом кафедры государственного и административного права Томского государственного университета.

11 июня 1993 г. Андрей Иванович Ким ушел из жизни.

Андрей Иванович за свою жизнь был награжден медалями «За трудовое отличие» (1961), «За доблестный труд». (1970), «Ветеран труда» (1984); «Сорок лет Победы в Великой Отечественной войне 1941–1945 гг.» (1985). В 1968 г. Получил звание Заслуженного юриста РСФСР, а в 1984 г. - Заслуженного ветерана труда Томского государственного университета. Лауреат премии Томского государственного университета (1966, 1972).

◎ Ким Кун-Бок Владимир Васильевич

Ким Кун-Бок Владимир Васильевич родился 11 сентября 1932 г. в д. Дубовка Свободненского района Амурской области. В 1956 г. окончил философский факультет Ленинградского университета, а 1965 г. аспирантуру Уральского университета, защитил кандидатскую диссертацию «Тождество и различие как категории диалектики». В 1987 г. защитил докторскую диссертацию на тему: «Семиотические аспекты системы научного познания». Работает в вузах с 1956 г.: в 1956–1966 гг. – в Ташкентском государственном медицинском институте (Узбекистан), с сентября 1966 г. – в Уральском университете доцентом кафедры диалектического материализма философского факультета. С апреля 1977 г. возглавляет кафедру философии и культурологии Института по переподготовке и повышению квалификации преподавателей гуманитарных и социальных наук (ИППК) при Уральском университете. За годы научно-педагогической деятельности в Уральском университете внес большой вклад в его развитие: принимал активное участие в становлении и развитии философского факультета, стоял у истоков создания и последующего развития ИППК при УрГУ. Его научная деятельность отражена более чем в 100 публикациях, в числе которых 8 монографий и учебных пособий. Владимир Васильевич руководил разработкой профессиональной образовательной программы базового курса «Современная философия», получившей государственную лицензию (1993). Подготовил 19 кандидатов и трех докторов философских наук. В.В. Ким принимает деятельное участие в научно-организационной работе, выступая в качестве организатора и редактора более 20 межвузовских коллективных научных трудов. По его инициативе проведены ряд всероссийских научно-практических конференций по проблемам преподавания философии, результаты которых изложены в 11 тематических трудах, где обобщен передовой опыт преподавания в современных условиях. Возглавляя с 1993 г. исследовательскую группу «Профессиональные образовательные программы для различных уровней гуманитарного образования» в Межвузовском центре проблем непрерывного гуманитарного образования, выступил инициатором переработки учебных программ по базовым курсам и разработки новых технологий реализации их в учебном процессе.

Награжден медалями «За доблестный труд» (1970) и «Ветеран труда» (1985), значком МВ и ССО СССР «За отличные успехи в работе» (1980). Присвоено почетное звание «Заслуженный деятель науки Российской Федерации» (1998).

Окончил Кокандский нефтяной техникум (1941), техник-геолог; Московский нефтяной институт им. И. М. Губкина (1954), горный инженер-геолог.

Отличник министерства газовой промышленности (1971), заслуженный работник нефтяной и газовой промышленности РСФСР (1981). Награжден орденом «Знак Почета» (1959), медалями.

◎ Ким Ен Сун Лидия Петровна[9]

Ким Ен Сун Лидия Петровна Родилась 16 июня 1926 г. в селе Доронбоу Суйфунского района Приморского края. После депортации корейцев с Дальнего Востока была на

---

[9] Новосибирская книга памяти [Электронный ресурс] URL: http://sibmemorial.ru/ru/taxonomy/term/21?page=8 Дата обращения 12.09.2019.

спецпоселении в Талды-Курганской области Казахской ССР, где закончила неполную среднюю школу.

Трудовую деятельность начала в 1942 г. в сельхоз-артели имени Ворошилова Каратальского района Талды-Курганской области. Вступила в комсомол. В 1943 г. правление артели поручило ей руководство полеводческим звеном.

Ее звено в 1945 г. получило урожай риса по 30 центнеров с гектара. За этот успех Ким Ен Сун была награждена медалью «За доблестный труд в Великой Отечественной войне 1941–1945 гг.».

В 1947 г. в связи с увеличением посевов сахарной свеклы ей поручили руководство свекловодческим звеном. За получение высокого урожая сахарной свеклы Указом Президиума Верховного Совета СССР от 28 марта 1948 г. звеньевой колхоза Талды-Курганской области (Казахстан) Ким Ен Сун присвоено звание Героя Социалистического Труда с вручением ордена Ленина и золотой медали «Серп и Молот».

До 15 января 2009 г. проживала в г. Новосибирске, где и скончалась.

◎ Ким Анатолий Индекович[10]

Ким Анатолий Индекович родился 04 марта 1935 г., в крестьянской семье Ким Ин Дека, предки которого с 1867 г. являлись подданными Российской империи, в деревне Лифляндия Шкотовского района Приморского края в крестьянской семье Ким Ин Дека, предки которого с 1867 года являлись подданными Российской Империи. Сын репрессированных корейцев Анатолий Ким окончил школу в селе Уштобе в Талды-Курганской области Казахстана, куда семью выслали с Дальнего Востока, и, несмотря на трудное материальное положение, все-таки поехал поступать в Томский политехнический институт. В 1959 г. окончил Томский политехнический институт по специальности «Геология и разведка нефтяных и газовых месторождений» с присвоением квалификации «Горный инженер-геолог», получил распределение на Север. Анатолия Индековича направили главным геологом в Ямальскую

---

10) Государственный архив Югры. [Электронный ресурс] URL: http://www.gahmao.ru/31-uks/kalejdoskop-dlya-glavnoj/3757-85-let-nazad-rodilsya-kim-anatolij-indekovich Дата обращения 03.09.2020; Ким А.А. Ким Анатолий Индекович – эпоха и легенда геологии. – Салехард: ГУ «Северное издательство», 2019. – 144 с

Анатолий Индекович с женой Ольгой Александровной, г. Сургут, 24 сентября1968 г

нефтегазоразведочную экспедицию: поселок Мыс Каменный находился на берегу Обской губы, куда он приехал со своей молодой супругой.

И сэтого момента карьера Анатолия Индековича была стремительной. Так, в 1959–1960 гг. работал коллектором Сургутского участка Сургутской НРЭ, г. Сургут. В 1960 г. был назначен техником-геологом Юганского участка Сургутской НРЭ ТТГУ, г. Сургут. Далее Анатолий Индекович в 1960–1963 гг. назначен инженером-геологом, старшим инженером-геологом Усть-Балыкской партии глубокого бурения, Сургутской НРЭ и Усть-Балыкской НРЭ ТТГУ. В 1963–1967 гг.

— начальником геологического отдела Усть-Балыкской НРЭ. В 1967–1970 гг. — начальником геологического отдела треста «Обьнефтегазразведка» Главтюменьгеологии. В 1970–1974 гг. — главным геологом Ямальской НРЭ Главтюменьгеологии, п. Мыс Каменный Тюменской области. В 1974–1975 гг. — старшиим геологом партии подсчета запасов Главтюменьгеологии, г. Тюмень. В 1975–1977 гг. — старшиим геологом геологического отдела Главтюменьгеологии, г. Тюмень. В 1977–1980 гг. — начальником геологического отдела Карской НГРЭ Главтюменьгеологии.

В 1980-1981 гг. в Мурманске Анатолий Ким руководил геологической службой комплексной тематической экспедиции в составе предприятия «Арктикморнефтегазразведка». При участии Кима были открыты газовые супергиганты Карского моря – Ленинградское и Русановское месторождения, оцененные запасы которых исчислялись в 9 триллионов кубометров.

В 1967-1980 гг. – Анатолий Индекович был начальником отдела, старшим и главным геологом треста «Обьнефтегазразведка» в Ямальской, Карской нефтегазоразведочной экспедиции.

В 1984-1991 гг. – начальник геологического отдела, главный геолог, начальник Ноябрьской нефтеразведочной экспедиции производственного объединения «Обьнефтегазгеология».

В 1984 г. Анатолий Ким вновь вернулся на Ямал, ему было 49 лет. И полтора десятка лет отработал главным геологом Ноябрьского нефтегазоразведочного предприятия. За эти годы были открыты такие месторождения нефти, как Сугмутское, Западно-Суторминское, Спорышевское, Романовское, Умсейское.

В 1986-1991 гог. был сначала и.о. начальника, потом начальником Ноябрьской нефтегазоразведочной экспедиции производственного объединения «Обьнефтегазгеология» Главтюменьгеологии.

В 1992-2000 гг. – главный геолог Ноябрьского нефтеразведочного предприятия акционерного общества открытого типа «Ноябрьскнефтегаз».

С 2000 г. – советник генерального директора открытого акционерного общества «Сибнефть-Ноябрьскнефтегаз» по геологии. Кандидат геолого-минералогических наук.

В 2001-2002 г. – советник генерального директора по геологии, заместитель генерального директора по новым геологическим проектам открытого акционерного общества «Сибнефть-Ноябрьскнефтегаз».

В 2002-2003 гг. – помощник генерального директора, заведующий сектором открытого акционерного общества «Сибирский научно-аналитический центр».

В 2005-2006 гг. – начальник отдела оперативного анализа открытого акционерного общества «Сибирский научно-аналитический центр».

Ким Анатолий Индекович – единственный из всех тюменских геологов, работавший на всех северных полуостровах России: Кольском, Ямальском и Чукотском.

Что касается научно-производственной деятельности, то Анатолий Индекович являлся специалистом в области геологии нефти и газа. Руководил разработкой и реализацией программ поисково-разведочных работ на нефть и газ на территории полуострова Ямал. Имеет опубликованные научные статьи по геологии Среднего Приобья, полуострова Ямал, Ноябрьского региона и шельфа Баренцева моря.

А.И. Ким прекрасно разбирался в технологии работ по испытанию скважин, тонко понимал и воспринимал все новое, прогрессивное в этой области знаний геологии. При его непосредственном участии были открыты и подготовлены к промышленной разведке крупнейшие месторождения Западной Сибири — Барсуковское, Бованенковское, Верхненадымское, Западно-Ноябрьское, Западно-Суторминское, Лянторское, Малопякутинское, Малоямальское, Мамонтовское, Нейтинское, Новое (Южно-Пякутинское), Ново-Пурпейское, Пайсятское, Пограничное, Пякутинское, Романовское, Северо-Карамовское, Северо-Янгтинское, Спорышевское, Средне-Итурское, Среднеямальское, Сугмутское, Усть-Балыкское,

Харасавэйское, Южно-Балыкское, Южно-Крузенштернское, Южно-Пямалияхское, Южно-Тамбейское и другие месторождения.

Годовая добыча Сугмунтского месторождения составляет около 10 млн. тонн нефти. При участии Анатолия Индековича Кима были открыты газовые супергиганты Карского моря – Ленинградское и Русановское месторождения, оценочные запасы которых исчислялись в 9 триллионов кубометров. Экспедицией Кима прогнозировалось открытие Штокмановского газоконденсатного месторождения с запасом в 3 триллиона кубометров.

В период работы Анатолия Индековича Кима в объединении «Обьнефтегазразведка» в 1967 – 1970 гг. геологами была разведана и подготовлена к разработке гигантская ресурсная база для организации добычи нефти нефтепромысловыми управлениями «Сургутнефть», «Мегионнефть», «Юганскнефть». Впоследствии с ростом объемов добычи нефти и газа нефтепромысловые управления превратились в нефтегазодобывающие управления, а затем и в производственные объединения. Эта тройка стала родоначальницей всей нефтегазодобывающей промышленности Ханты-Мансийского и Ямало-Ненецкого автономных округов.

Анатолий Индекович лауреат премии Совета Министров

РСФСР, Почетный разведчик недр, награжден орденами: «Знак Почета» в 1971 г., Дружбы народов в 1989 г., в 1987 г. дипломом и нагрудным знаком «Первооткрыватель месторождения» (Бованенковское). В 1996 г. ему присуждено звание Заслуженный геолог РФ и Заслуженный работник нефтяной и газовой промышленности РФ

Кроме того, Анатолий Индекович с 2001 г. Почетный гражданин ЯНАО. Имеет благодарности от губернатора Ямало-Ненецкого автономного округа.

Ушел из жизни 3 ноября 2016 г.

Его сын Анатолий Анатольевич Ким написал книгу о своем легендарном отце Ким Анатолий Индекович – эпоха и легенда геологии, которая вышла в свет в декабре 2019 г.[11]

◎ Ким Василий Глебович[12]

Ким Василий Глебович родился в 1896 г. в Корее. Житель Омска, студент. Арестован 4 января 1920 г.. 17 марта 1921 г. Омской губЧК дело по обвинению в шпионаже прекращено. Реабилитирован 10 мая 2000 г. прокуратурой Омской обл. на основании Закона РФ.

---

11) Ким А.А. Ким Анатолий Индекович – эпоха и легенда геологии. Салехард: ГУ «Северное издательство», 2019. 144 с

12) Ким Василий Глебович (1896) [Электронный ресурс] URL: https://ru.openlist.wiki/Ким_Василий_Глебович_(1896) Дата обращения 03.04.2018 г.

◎ Ким Филипп Иванович[13]

Ким Филипп Иванович родился в 31 марта 1931, в с. 2-е Синельниково Покровского района Владивостокского округа. Дальневосточного края. «Квалер ордена Трудового Красного Знамени», «Заслуженный химик РСФСР». В 1964 году приказом министра химической промышленности СССР назначен директором Новосибирского карбидно-газового завода (ОАО «Сибтехгаз»), где проработал 45 лет (1964– 2000 гг.). На завод пришел в 1955 г., окончив Ленинградский технологический институт холодильной промышленности, с 1960 г. работал главным инженером, затем директором. Успешно решал сложнейшие задачи технического переоснащения производства в период второго рождения завода в 1970-х гг., когда проводилась реконструкция с полным выведением старых производственных мощностей из эксплуатации, и велось строительство новой азотно-кислородной станции для Западной Сибири (в 1978 г. Карбидно-газовый завод переименован в «Сибтехгаз»). По решению МХП СССР предприятие было определено базовым по освоению и эксплуатации новой техники, для отработки всех технических решений и их последующего тиражирования на других региональных станциях. Большое внимание Ф. И.

---

13) Ким Филипп Иванович //Новосибирск: энциклопедия. С. 406.

Ким уделял социально-бытовым проблемам заводчан, социальному развитию Октябрьского района. За помощь учреждениям народного образования, здравоохранения, органам милиции награжден знаками «Отличник народного образования», «Отличник здравоохранения», «Отличник милиции».

В 1992 году избран первым Генеральным директором акционерного общества «Сибтехгаз».

2 сентября 2000 г. Ким Филипп Иванович скончался.

В 2001 г. по решению собрания акционеров «Сибтехгаза» предприятию присвоено имя Ф. И. Кима.

◎ Ли Пи Ти[14]

Ли Пи Ти 1898 года рождения, уроженец г. Гензан Кореи, из рабочих, образование низшее (самоучка), был студентом Коммунисти́ческого университе́та трудя́щихся Восто́ка имени И. В. Сталина, член ВКП(б) с 1918 г., до момента ареста был председателем областного союза корейцев в г. Свердловске.

Арестован 28 октября 1926 г. по обвинению в «шпионаже».

По постановлению Коллегии ОГПУ от 18 апреля 1927 г. по обвинению по ст. 58-10 УК РСФСР заключен в концлагерь сроком на 5 лет, тем же органом от 14 января 1932 г., по

14) «Открытый список» [Электронный ресурс] URL: https://ru.openlist.wiki/Ли-Пи-Ти_(1898) Дата обращения 02.08.2020

отбытии срока наказания был выслан в Северный край на 3 года. Обвинялся в «связи с «тайным братством» в Китае и распространением антисоветской литературы».

По заключению Генеральной Прокуратуры РФ от 9 августа 1993 г. был реабилитирован.

◎ Ли Станислав Сергеевич

Ли Станислав Сергеевич родился в Талды-Курганской области Казахской ССР (СССР). Его отец и мать появились на свет в семье корейского переселенца на Дальнем Востоке. В большой семье Ли были представители разных профессий – дядя отца в раннесоветское время был дипломатом, дед стоял у истоков рисосеяния на Кубани, отец, перебравшийся в середине 1950-х гг. на Алтай, отдал многие годы сельскому хозяйству. Когда семья Ли приехала на Алтай, Станислав ни слова не знал по-русски, но он быстро овладел русским и отлично окончил школу. В профессии пошел по стезе отца – поступил в Алтайский сельскохозяйственный институт, затем в аспирантуру Новосибирского научно-исследовательского института животноводства. Успешно складывалась и дальнейшая его карьера – преподавание в АСХИ сочетал с руководящей работой в научно-исследовательских учреждениях и управленческих структурах: был директором Алтайского филиала Института рыбного хозяйства, зам. директора Алтайского научно – исследовательского и проектно-технического института животноводства (АНИПТИЖ), руководил отделом рыбнадзора Алтайского отделения Россельхознадзора (федерального ведомства).

Станислав Сергеевич Ли женат на белоруске, и это не вызывало проблем с родственниками с обеих сторон. В семье соблюдаются некоторые национальные традиции, прежде всего в пище.

Основная научная/профессиональная специализация С.С. Ли – зоотехния. В 1979 г. он защитил в Сибирском научно-исследовательском институте животноводства кандидатскую диссертацию «Влияние микроэлементов на продуктивность молочного скота», а пв 1994 г. в том же научном учреждении - докторскую диссертацию «Совершенствование технологии производства молока в Западной Сибири». Имеет по этой проблематике собственную научную школу (10 защитившихся кандидатов наук).[15]

Профессор Ли - автор более 100 научных работ и 10 патентов. В 2005 г. издал монографию «Производство молока на Алтае», подготовил к печати монографию «Новые кормовые (нетрадиционные) добавки для животных и птиц». Развивает в научном и практическом отношениях

15) Ли, Станислав Сергеевич - Совершенствование технологии производства молока в Западн Сибири : автореферат дис. ... доктора сельскохозяйственных наук : 06.02.04 [Электронный ресурс] URL: https://search.rsl.ru/ru/record/01000314536 Дата обращения 20.06.2020

такие направления, как животноводство, звероводство, рыбоводство, новые корма и новые технологии производства продуктов животноводства. С.С. Ли считает, что у Алтая есть перспетивы сотрудничества с южнокорейскими партнерами в области культурного прудового рыбоводства, выведения новых видов рыб, изготовления топливных брикетов (из навоза, остатков органики и пр.). он — один из тех профессионалов, которые готовы и умеют сочетать прагмаитизм и творчество в науке и практике на благо всех участвующих сторон.

◎ Лим Чун Гир (Лим Степан Андреевич)

Лим Чун Гир (Лим Степан Андреевич) Родился и вырос на Сахалине, Пока его семья жила на Сахалине, у него не было гражданства СССР, советское правительство давало только вид на жительство, что не давало возможности получать образование в крупных городах. Но Степану Анреевичу, благодаря его настойчивости и стараниям удалось осуществить мечту учиться в Ленинграде. Для выезда с Сахалина, который был закрытым, нужно было получить разрешение, получивв которое он смог поступить в вуз в Ленинграде, котрый успешно окончил. После, его распределили на работу в Новосибирск, где живет уже более 40 лет. По приезде в Новосибирск Степан Андреевич поступил на службу в управление Речного пароходства и проработал там 37 лет. Начинал инженером радиосвязи, потом стал начальником цеха, главным инженером управления связи и радионавигации, начальником управления. Управление связи, где работал Степан Андреевич обслуживало Западно-Сибирское речное пароходство от Бийска до Александровска на севере. Они обслуживали на реке все средства связи и радионавигации. Позднее предприятие переименовали в Управление связи и радионавигации Обского бассейна, и Степан Андреевич стал его генеральным директором.

Лим Чун Гир получил почетную медаль на выставке ВДНХ за внедрение радиопроводной системы связи на речном транспорте. Параллельно с основной деятельностью он преподавал в Новосибирской государственной академии водного транспорта, куда окончательно перешел в 2007 г., всвязи с уходом на пенсию.

Вся большая семья – родители, две сестры и три брата Степана Андреевича живут на Сахалине, и только он объездив всю страну, остался жить в Новосибирске, где сейчас живут его дети, которые родились и выросли здесь.

Первый раз Степан Андреевич побывал в Корее в 1991 г. в составе российской делегации в качестве переводчика.

Поездка длилась две недели. Несмотря на то, что его родители родились в Корее и были перевезены японским правительством на Сахалин в конце 1930-х гг., он чувствовал себя не совсем комфортно, так как был воспитан в советском обществе, культура, воспитание, привычки, манеры которго сильно отличаются от корейских.

В 1991 г. Степан Андреевич принял активное участие в огрганизации первой ассоциации корейцев Новосибирска, был ее председателем.

◎ Нам Вильгельм Александрович родился

Нам Вильгельм Александрович родился 15 ноября 1929 г. в г. Уссурийск Приморского края. Его семья была раскулачена и солана в Кзыл-Ординскую область, г. Кызылорда.

В 1957 г. окончил Новосибирский инженерно-строительный институт по специальности инженер-строитель.

В 1957–1961 гг. работал на комбинате «Карагандашахтострой» Казахской ССР: мастером, прорабом, затем и старшим прорабом. В 1961– 1971 гг. был назначен в управлении начальником треста №74 в г. Кургане, где проработал старшим прорабом и главным инженером. В 1971–1974 гг. – в тресте №74 Министерства строительства предприятий тяжелой индустрии СССР был назначен начальником сметно-договорного и производственного отделов. В 1974–1985 гг. - начальником управления работ №1 стройтреста №74; в 1985–1987 гг. – заместителем главного инженера ПСМО «Кургантяжстрой» Министерства строительства предприятий тяжелой индустрии СССР; в 1987–1990 гг. – управляющим, в 1990–1994 гг. – заместителем главного инженера треста «Курганпромстрой» ТСО «Курганстрой»; в 1994–2003 гг. – начальником ОКСа ОАО «Промстрой».

В 60–70 гг. XX в. при его участии было развернуто строительство предприятий строительной индустрии. Вильгельм Александрович внес существенный вклад в строительство сельскохозяйственных объектов, жилищного и социального назначения. Разработал и внедрил 34 рационализаторских предложения по усовершенствованию форм и методов строительства при экономическом эффекте свыше 3-х миллионов рублей.

◎ Ни Виктор Николаевич

Ни Виктор Николаевич доктор физико-математических наук, профессор, академик РАЕН, изобретатель возглавляет высококвалифицированный состав преподавателей Челябинского института экономики и права им. М.В.Ладошина.

◎ Ни Виктор Трофимович[16)]

Ни Виктор Трофимович советский художник, живописец и график. Член Союза художников РСФСР. Родился 10 декабря 1934 г. во Владивостоке в семье рабочего, выходца из Кореи. В 1937 г. Семья художника спецэшалоном была отправлена из Владивостока в Казахстан в город Темиртау.

В 1952-1953 гг. Виктор Трофимович работал электромонтажником на металлургическом комбинате в г. Темиртау (Казахстан, Карагандинская обл.). В 1958 г. окончил Пензенское художественное училище им. К.А. Савицкого, в 1964 г. - Московский государственный художественный институт им. В.И. Сурикова. В 1964 г. переехал в Оренбург, где преподавал на художественном отделении Оренбургского музыкального училища с 1975 по 1979 гг. Участник республиканских и зарубежных выставок. Любил и изучал искусство старых мастеров (Леонардо, Вермеера,

16) Ни. Виктор Трофимович (Оренбург). Русский пейзаж [Электронный ресурс] URL: http://russkiy-peyzazh.ru/khudozhniki/ni-viktor-trofimovich Дата обращения 01.08.2020

Кранаха, Рублева, Дионисия), итальянское Раннее Возрождение. Среди советских художников ценил А. Пластова, П. Корина, из искусства Востока — японскую гравюру.

Умер от сердечной недостаточности, не дожив до получения звания заслуженного художника РСФСР.

Его работы хранятся в Государственной Третьяковской галерее, Государственном Русском музее, музеях города Оренбурга, Перми, частных коллекциях России и за рубежом

◎ Огай Владимир Окюнович[17]

Огай Владимир Окюнович бывший директор ЗАО АПКК «Рощинский», более 20 лет возглавлявший это хозяйство, заслуженный работник сельского хозяйства РФ, кавалер ордена Дружбы народов, ордена «Знак Почета». В 1960-х гг. закончил зоотехнический факультет Новосибирского сельскохозяйственного института. В 1968 г. по распределению его отправили в Исетский район, на должность главного зоотехника.

После этого началась работа по специализации хозяйств.

---

17) «Время дано на познание...» [Электронный ресурс] URL: https://rayon72.ru/news/history/57338.html Дата обращения 04.09.2020

В Исетском районе за небольшой отрезок времени построили в Шорохово свинокомплекс на 50 тысяч голов, в совхозе «Коммунар» открыли четыре отдела искусственного осеменения. В Бобылево, где было сконцентрировано малопродуктивное поголовье КРС, наладили производство говядины. Сосредоточили всё поголовье овец в одном месте.

Так буквально за пять лет, при активном участии Владимиа Окюновича, Исетский район вышел на первое место в области и по урожайности и по животноводству. Огая за вклад в развитие района повысили до председателя райисполкома. Но председательствовать пришлось недолго - молодого начальника отправили в самое отсталое хозяйство района «Восток». Земли там были песчаные, мало пригодные для занятии сельским хозяйством. Специалисту удалось вывести «Восток» на новый уровень развития.

В 1980-х гг. в селе Горьковка Тюменского района построили кролиководческий комплекс. Сюда и направили Владимира Огая. Он сумел наладить производство и вывести его на безубыточный уровень. Задача перед Владимиром Окюновичем стояла непростая - нужно было сохранить, обеспечить работой и заработком коллектив из 500 человек, и прокормить две с половиной тысячи сельчан, ведь раньше директор совхоза был главным человеком на селе.

В 1988 г. защитил диссертацию на соискание степени кандидата сельскохозяйственных наук.

В марте 2000 г. Владимир Окюнович вышел на пенсию.

6 марта 2018 г. Владимир Окюнович ушел из жизни.

◎ Пак Василий Чанович

Пак Василий Чанович родился в декабре 1936 г. на Дальнем Востоке. В 1937 г., когда ему не исполнилось и года, семью вместе с другими корейцами депортировали в Узбекистан. И уже там отца В. Пака репрессировали еще раз – осудили по ложному обвинению. Семья поселилась в отсталом районе Хорезмской области, перед ними была поставлена задача – освоить земли для выращивания риса. В колхозе была средняя школа, в которой преподавали на русском языке корейцы-выпускники Дальневосточного пединститута. Дома все говорили на родном языке. В. Пак как только появилась возможность, отправился в Россию поступать в вуз. Успешно сдал экзамены на физмат Башкирского университета, затем перевелся из Уфы в Челябинск, в ЧПИ, окончил механико-технологический факультет и стал работать на ЧЭМК инженером-конструктором энергетического оборудования. Одновременно читал лекции в вечернем электрометаллургическом техникуме.

◎ Пак Геннадий Александрович

Пак Геннадий Александрович родился в 1930 г. в поселке Гродеково Приморского края РСФСР. Семью Паков не миновала общая для всех советских корейцев участь — ее насильственно выселили с Дальнего Востока, а главу семьи обвинили в саботаже и арестовали. Геннадий и его близкие оказались в Восточном Казахстане без средств к существованию, их спасла тетя и приютила у себя. Геннадий Пак, еще школьником, работал на шахте, был награжден медалью «За доблестный труд в Великой Отечественной войне 1941-1945 гг.». Блестяще окончив в 1948 г среднюю школу, он поступил на Восточный факультет Ленинградского государственного университета, где впервые стал изучать корейский язык под руководством выдающегося филолога-востоковеда А. А. Холодовича.

Жизнь в большом городе была нелегкой - Геннадий недоедал, но не просил помощи из дома. За отличную учебу он получал именную стипендию имени известного исследователя Н.М. Миклухо-Маклая, но не отказывался и от дополнительного заработка – одно время даже помогал знаменитому иллюзионисту И.Кио во время его выступлений. На деньги, полученные за перевод восточных сказок на русский язык, впервые купил себе костюм, которым очень гордился.

Его профессиональное взросление было стремительным — еще будучи студентом-старшекурсником, он уже читал лекции студентам родного факультета, потом поступил в аспирантуру. В 1959 г. защитил диссертацию на тему «Изобразительные слова в корейском языке». Сферой научных интересов Геннадия Александровича Пака были проблемы семантики корейского языка и целый ряд других филологических явлений, его работы упоминаются в ряду наиболее значимых достижений советского языкознания.

В середине 1960-х гг. Геннадий Александрович по семейным обстоятельствам переехал в Барнаул – здесь к тому времени обосновались его родители и старшая сестра. Поступив на работу в Барнаульский государственный педагогический институт, доцент Г. А. Пак остался верен ему до последних дней - почти 40 лет он трудился на кафедрах русского и иностранного языков. Специалист уникального профиля со знанием русского, корейского, японского и английского языков, он интересовался проблемами общего языкознания, русского языка, поэтического языка художественной литературы. В начале 1990-х годов Геннадий Александрович на общественных началах вел уроки корейского языка в воскресной школе, занятия в которой посещали не только этнические корейцы, но и все желающие. Тогда же он по поручению Министерства образования РФ возглавил единственную в своем роде виртуальную научную лабораторию по корейскому языку - в столице были хорошо известны его опыты по созданию новой методики преподавания русского языка для иностранцев, другие филологические эксперименты. В последние годы Геннадий Александрович много работал над созданием русско-корейского словаря и учебника корейского языка для иностранцев. Это был человек колоссальных знаний, высокой культуры, настоящий интеллигент, педагог и ученый, умеющий расположить к себе человека любого возраста и рода занятий.

◎ Пак Иван Иннокентьевич[18]

Пак Иван Иннокентьевич Родился 21 сентября 1923 г. Отец — Иннокентий Иванович ПАК (ПАК Дя Юн), родился в Корее. В 1929 г. основал колхоз им. Томми — единственный корейский колхоз в Горном Алтае, все мужское население которого летом 1937 г. было

---

18) В.С. Бойко. Корейцы в Ойротии // Корейцы — жертвы политических репрессий в СССР (1934-1938). Кн. 7. Москва, 2006

репрессировано.

В 1928 г. отец перевез семью в Западную Сибирь — г. Улала, административный центр Ойротии — национальной автономии в составе РСФСР. Депортации подвергнут не был.

До войны работал молотобойцем в колхозной кузнице, в 1940 г. окончил курсы трактористов. Добровольцем ушел на фронт.Разведчик, командир отделения. Воевал на Северном, Карельском, 1-м Украинском и 4-м Украинском фронтах. Войну закончил в апреле 1945 г. на Одере.

Кавалер ордена Красной Звезды, награжден медалью «За отвагу», знаком «Отличный разведчик». С войны вернулся инвалидом 2-й группы.Проживал в г. Рубцовск Алтайского края

◎ Пан Валентин Дмитриевич[19]

Пан Валентин Дмитриевич родился 21 марта 1943 г. в поселке Джалагаш Кзыл-Ординской области Казахской ССР.

В 1967 г. окончил Саратовский политехнический институт, по специальности «инженер-строитель».

19) Пан Валентин Дмитриевич [Электронный ресурс] URL: http://энциклопедия-урала.рф/index.php/Пан_Валентин_Дмитриевич Дата обращения 20.08.2020

В 1967–1972 гг. работал мастером, начальником цехазатем и главным технологом на Исетском заводе железобетонных конструкций (Свердловская область). В 1972 г. трудился главным инженером Оверятского завода железобетонных конструкций (Пермская область). С 1972 г. был назначен начальником производственного отдела на Южно-Уральской железной дороге, позднее начальником мостопоезда-10 Дорстройтреста в г. Челябинске. Работал старшим инженером мостоиспытательной станции службы пути, инспектором по качеству и приёмке работ капитального строительства, главным инженером. С 1992 г. назначен начальникос отдела (службы) капитального строительства дороги. С 2001 г. Валентин Дмитриевич уполномоченный представитель МПС РФ в КНДР.

Валентин Дмитриевич организатор строительства мощностей по производству опор контактной сети в г. Челябинске и цеха по ремонту электропоездов в г. Кургане, реконструкции завода железобетонных конструкций, внедрения передовых методов работы в строительстве.

Валентин Дмитриевич Заслуженный работник транспорта РФ (2001). Награжден орденом Дружбы (1993).

◎ Пан Александр Валентинович[20]

Пан Александр Валентинович 18 марта 1949 г. в г. Сатка Челябинской области.

В 1971 г. окончил Уральский политехнический институт, по специальности «инженер-металлург».

В 1971-1996 гг. – на Нижнетагильском металлургическом комбинате (НТМК), прошел длинный путь, работал и подручным сталевара, сталеваром, мастером мартеновского цеха № 2, инженером-исследователем, старшим инженером, начальником группы, начальником лаборатории, заместителем начальника – руководителем исследовательского сектора центральной лаборатории комбината и главным технологом. С 1996 г. является президентом ООО «Ставан-Трансмет».

За большой научный и практический вклад в решение проблем повышения качества транспортного металла, значительный экономический эффект, полученный от внедрения изобретений и рационализаторских предложений в 1997 г. удостоен премии имени Черепановых.

---

20) Личная страница. [Электронный ресурс] URL: https://ok.ru/profile/100108011073 Дата обращения 12.08.2020

В 1999 г. защитил диссертацию на соискание степени Доктора технических наук.

Имеет 47 авторских свидетельств на изобретения. Член американского общества инженеров железнодорожного транспорта, Американского общества инженеров чугуна и стали.

◎ **Тен Леонид Васильевич**[21]

Тен Леонид Васильевич родился 15 мая 1939 г. в городе Кзыл-Орда в Казахстане, куда в конце 1930-х гг. Семья Леонида Васильевича, как и многие другие корейские семьи, была насильственно переселена с Дальнего Востока. После войны отца Леонида Васильевича, бывшего

комсомольского работника, командировали на Сахалин, освобожденный от японцев, преподавать в школе для корейцев.

В 1957 г. Леонид Тен поступил на юридический факультет Томского университета. После окончания университета в 1962 г. он работал в органах прокуратуры Красноярского края. С сентября 1965 г. по август 1973 г. – на педагогической

21) Известные ученые. Тен Леонид Васильевич. [Электронный ресурс] URL: https://famous-scientists.ru/2640 Дата обращения 22.11.2019 г.

работе в Томском госуниверситете. Для постоянного места жительства Леонид Васильевич выбрал Барнаул. Здесь он состоялся как юрист, преподаватель и ученый - с сентября 1973 г. по август 1991 г. занимая последовательно должности ассистента, старшего преподавателя, доцента, заместителя декана и декана Барнаульского юридического факультета. Затем он работал в качестве декана юридического факультета, заведующего кафедрой гражданского права и процесса, председателя профкома и первого проректора.

В июле 1993 г. Тен создал первый в крае негосударственный вуз – Алтайскую академию экономики и права (ААЭП). В 2010-е г., когда вся российская система образования и подготовки кадров начала испытывать трудности, для ААЭП наступили тяжелые времена, Вуз прошел процедуру банкротства. В этой сложной ситуации Леонид Васильевич передал управления вузом своему сыну Александру Деонидовичу, который здесь же возглавлял кафедру конституционного и административного права. Леонид Васильевич никогда не жалел, что решился на такой эксперимент в российской глубинке, где всегда не хватало возможностей для получения качественного образования.

Деятельность Тена получила высокое общественное признание. Он избирался депутатом районного и Барнаульского городского Совета народных депутатов. Он неоднократно признавался ректором года (номинация конкурса «100 лучших вузов России», 2009, 2011 гг.), являлся почетным профессором Международного Венского университета, действительным членом Европейской академии естествознания, Международной академии наук экологии и безопасности человека и природы, европейского клуба ректоров, Российского союза ректоров, имел высшие знаки отличия ВЦСПС и Министерства высшего и среднего специального образования СССР. Леонид Васильевич Тен – автор многих научных публикаций по правовому регулированию экономических отношений, вопросам гражданского права и проблемам современного высшего профессионального образования.

◎ **Тян Аркиф Васильевич**[22)]

Тян Аркиф Васильевич Родился 1 августа 1935 г. в селе Свободном Хасанского района Приморского края в корейской семье крестьянина-бедняка. В 1959 г. окончил геолого-географический факультет Казахского государственного университета по специальности

22) Аркадий Тян : ист.-краевед. сб. Вып. 2 / Учреждение культуры Ханты-Манс. авт. окр. – Югры «Музей геологии, нефти и газа» ; [ред.-сост. Л. В. Цареградская]. Сургут : Тип., 2004. 69 с.; Савина, В. Геолог от бога / В. Савина // Самарово – Ханты-Мансийск. 2004. 20 авг. С. 8;Кочнев, Д. Именами первопроходцев / Д. Кочнев // Югра: дороги в будущее. 2005. № 3/4. С. 64; Лущай, Л. В. Лучшего человека я не встречала / Л. Лущай // Северное созвездие / Л. Лущай. Ханты-Мансийск, 2005. С. 80–83; Сербина, О. История одного имени / О. Сербина // МК – Югра. 2015. 29 апр. (№ 18). С. 15;

«инженер-геолог-нефтяник».

В 1959 - 1960 гг. Аркиф Васильевич работал инженером-геологом Западно-Казахстанского геологического управления, г. Гурьев. В 1960 - 1961 гг. - старший геолог разведки Урало-Волжской экспедиции треста «Уральскнефтегазразведка».

В 1961–1962 гг. стал техническим руководителем, начальником отряда Южно-Тургайской партии Северо-Казахстанского геологоуправления, п. Тургай Кустанайской области.

В 1962–1963 гг. - главный инженер Тургайской ГРЭ Северо-Казахстанского геологоуправления, п. Аргалы Кустанайской области. В 1963–1965 гг. — начальник Тургайской нефтеразведки треста «Актюбнефтегазразведка», п. Южный Кустанайской области.

В 1965 г. поступил на рабоу в Тюменское геологическое управление для работы по специальности в северной экспедиции. В марте 1965 г. Аркиф Васильевич прибыл в Тюмень и был назначен старшим геологом Сартыньинской партии глубокого бурения. Перед геологами стояла непростая задача по созданию материальной базы нефтеразведочных экспедиций. Однако поиск нефти тогда увенчался успехом только в Сургутском, Кондинском и Нижневартовском районах.

Вскоре руководство геологического управления «Тюменнефтегаз» сосредоточило главные силы в Среднем Приобье. На смену буровым партиям сюда пришли нефтегазоразведочные экспедиции. Тян был переведен в Правдинскую экспедицию, которой руководил Фарман Салманов. Несмотря на работу, которая требовала массы времени и сил, Аркиф Тян в 1966 г. поступил на заочное обучение в аспирантуру Института геологии и геофизики Сибирского отделения АН СССР. По окончании института в 1970 г. Тяну присвоили ученую степень кандидата геолого-минералогических наук. Через год он стал главным геологом Сургутской нефтеразведочной экспедиции.

В 1978 г. Тян возглавил Управление поисковых и разведочных работ Главтюменьгеологии. В скором времени Аркифа Васильевича по требованию Госплана СССР назначили главным специалистом Межведомственной территориальной комиссии по вопросам развития нефтегазового комплекса.

В 1967 г. Аркиф Васильевич отмечен знаком «Отличник разведки недр». В 1975 г. он был награжден орденом Трудового Красного знамени, в 1976 г. - бронзовой медалью ВДНХ, в 1979 г. медалями. и дипломом «Первооткрыватель месторождения» (открыл Южно-Сургутское месторождение).

Его именем назвали группу месторождений ОАО «Сургутнефтегаз». Промышленное освоение этой территории началось в 1994 г.у, а уже через год здесь организовали четвертый цех по добыче нефти и газа НГДУ «Нижнесортымскнефть». В состав Тянской группы входят три месторождения — Мурьяунское, Лукъявинское и Юкъяунское.

Ушел из жизни Аркиф Васильевич Тян 26 сентября 1985 г.

◎ Хан Владимир Данилович[23]

Хан Владимир Данилович родился 25 июля 1935 г. на Дальнем Востоке, в селе Кнорринг Приморского края. Владимир Данилович родился в обычной семье, его отец был механиком, мать – домохозяйкой.

В 1937 году в связи с репрессией семью Владимира Даниловича насильно переселили в Казахстан. Именно там он и его родные жили в период с 1937 по 1957 г.

---

23) История школы. Муниципальное общеобразовательное учрежение «Средняя общеобразовательная школа № 56» г.Оренбурга [Электронный ресурс] URL: http://han-sch56.narod.ru/index/0-7Дата обращения 02.08.2020; Музей им. В.П. Поляничко [Электронный ресурс] URL: https://museum-odtdm.ru/index.php?option=com_content&view=article&id =131&Itemid=27 Дата обращения 02.08.2020

Окончив школу, Владимир Данилович поступил в Кзыл-ординский педагогический институт на физико-математический факультет, по окончании которого он был направлен по распределению в Оренбург. Приехав в наш город, он устраивается на работу в школу № 17. В этой школе Владимир Данилович проработал всего 1 год. Затем он ушел в армию. Владимир Данилович был демобилизован в 1960 г. и по распределению направлен в школу №56, которой он отдал 45 лет своей жизни. Из них 35 лет он был ее директором. Теперь эта школа носит его имя.

Указом президента Российской Федерации от 21.07.1997 г. № 754 присвоено звание «Заслуженный Учитель Российской Федерации».

Хан Владимир Данилович умер в 13 сентября 2005 г.

◎ Хан Владимир Гаврилович[24)]

родился 10 октября 1938 г. в г. Алма-Ата Казахской ССР.

В 1965 г. окончил Уральский политехнический институту, по специальности « радиоинженер».

С 1958 г. работает на Уралмашзаводе.

---

24) Хан Владимир Гаврилович [Электронный ресурс] URL: http://энциклопедия-урала.рф/index.php/Хан_Владимир_Гаврилович Дата обращения 20.08.2020

Начинал с ученика расточника, затем работал электромонтажником, инженером-электриком, старшим инженером-начальником бюро, начальником отдела, заместителем главного конструктора АСУП. С 1987 по 1992 г. занимал должность заместителя начальника ОТЗ, 1992–1995 гг.- начальника отдела систем управления. С 1995 г. Владимир Гаврилович в УИИС, занимал должности начальника отдела, заместителя начальника управления, руководителя технической службы.

Владимир Гаврилович специалист и организатор создания и внедрения автоматизированных систем управления производством. Он один из авторов разработки комплексной автоматизированной системы управления Уралмашзаводом. Владимир Гаврилович инициатор создания автоматизированного производственного участка, который принят Государственной комиссией и успешно работал. Участок может стать векторным направлением и примером для автоматизированного цеха, завода. Владимир Гаврилович имеет авторское свидетельство на изобретение ввода-вывода информации технологических процессов с рабочих мест.

Награжден медалями.

◎ Хван Алексей Николаевич

Хван Алексей Николаевич –. Член союза писателей России. В последние десять лет Алексей Николаевич занимался темой евразийского пути развития индивидуума, семьи, общества и государства, опубликовал книгу «Корейцы-евразийцы»! Книга вышла в свет благодаря всесторонней поддержке национально-культурной автономии корейцев НСО.

За особые заслуги в развитии сельского хозяйства Узбекской ССР в 1957 г. автор книги был удостоен звания Героя Социалистического Труда, а в 1983 г. за разработку и внедрение в производство биологических методов защиты растений – звания лауреата Премии Совета министров СССР.

◎ Цай Авенир Моисеевич[25]

Цай Авенир Моисеевич 27 июля 1930 г. в селе Августовка Калининского района Хабаровской области

В 1955 г. окончил Ленинградский политехнический институт, по специальности «инженер-механик». После окончания вуза был назначен заместитель начальника механосборочного цеха на Катайском насосном заводе (Курганская область г. Катайск), там же работал главным конструктором, заместителем главного инженера. С 1968 по 1975 гг. Авенир Моисеевич был главным инженером, а с 1975 по1977 гг. директом Катайского насосного завода.

Под руководством Авенира Моисеевича проведено техническое перевооружение и развиты производственные мощности, создано 15 переменно-поточных линий из высокопроизводительных многошпиндельных полуавтоматов и агрегатных специальных станков, разработано 132 новых насоса, в т.ч. разработано и освоено впервые в СССР 25 новых насосов. Внедрил перспективные технологии в насосостроении на основе принципа подетальной и

25) Цай Авенир Моисеевич [Электронный ресурс] URL: http://энциклопедия-урала.рф/index.php/Цай_Авенир_Моисеевич Дата обращения 20.08.2020

предметно-замкнутой специализации с использованием универсального оборудования, обеспечившие устойчивое качество химических, нефтяных, конденсатных и других насосов. Руководил организацией массового производства консольных насосов, разработкой и наладкой серийного производства центробежных консольных, химических и др. насосов. Под его руководством велось строительство и освоение производственных мощностей механосборочного корпуса №1, внедрение многошпиндельных токарных полуавтоматов 1К282, 1Б284 и др.

В 1970 г. Авенир Моисеевич награжден орденом Трудового Красного Знамени.

29 декабря 1996 г. Авенир Моисеевич ушел из жизни.

◎ Цхай Андрей Трофимович

Цхай Андрей Трофимович родился 1922 г. в Караганде. Несмотря на то, что представителей корейской национальности не брали на фронт, как «неблагонадежных», но он, взяв фамилию второй жены – Урсанов, указав ее в документах и представившись чувашем, сумел поступить в Киевскую Военно-морскую спецшколу, а по

окончании ее уйти добровольцем на фронт.

Служил во многих местах, от Дальнего Востока до Ленинграда, где встретил победу и окончил Политехнический институт им. Калинина.

Его отправили по распределению в Барнаул, он строил все три ТЭЦ, работал директором ТЭЦ-1, заместителем управляющего по электрификации Алтайского края, заместителем начальника главы Алтайсельхозиндустрой, проректором Алтайского Политехнического института.

20 декабря 1917 г., Ветеран Великой Отечественной войны, много лет отдавший работе в АлтГТУ, Цхай Андрей Трофимович скончался.

◎ Эм Фёдор Иванович[26)]

Эм Фёдор Иванович родился 13 августа 1944 г. в селе Куйган Балхашского района Алма-Атинской области КазССР В 1967 г. окончил Челябинский политехнический институт, по специальности «инженер-механик».

Работал в гидрологической экспедиции на озере Балхаш, учителем средней школы с.

26) Эм Фёдор Иванович [Электронный ресурс] URL: http://энциклопедия-урала.рф/index.php/Эм_Фёдор_Иванович Дата обращения 20.08.2020

Куйган; в 1962–1973 гг. – инженер-исследователь Уральского конструкторского бюро транспортного машиностроения на Уральском вагоностроительном заводе (г. Нижний Тагил Свердловской области); с 1973 г. – в отделе главного конструктора строящегося Чебоксарского завода промышленных тракторов: инженер-конструктор I категории, начальник группы, начальник бюро, начальник отдела испытаний тяжелых промышленных тракторов.

Участвовал в испытаниях танков Т-72, Т-80 и др. бронетехники. Принимал участие в испытаниях и постановке на серийное производство первых промышленных тракторов ТТ-330, Т-500, Т-25.01, ТМ-25.01, Т-35.01, Т-50.01, их трубоукладочных и погрузочных модификаций, колесного погрузчика ПК-12.02 и бульдозера ТК-25.01. В числе первых проводил испытания тракторов в тропических условиях за рубежом. Имеет 2 авторских свидетельства на изобретения.

Награжден медалью.

◎ Югай Дмитрий Александрович[27]

Югай Дмитрий Александрович родился 9 сентября 1914 г. в г. Уссурийск Приморского края.

---

27) Югай Дмитрий Александрович [Электронный ресурс] URL: http://
энциклопедия-урала.рф/index.php/Югай_Дмитрий_Александрович
Дата обращения 20.08.2020

В 1938 г. окончил Ленинградское высшее военно-морское инженерное училище, по специальности « инженер-механик».

В 1938—1947 гг. Дмитрий Александрович был в заключении по ложному обвинению, позже был реабилитирован.

В 1951—1986 гг. Дмитрий Александрович работал на Среднеуральском медеплавильном заводе, на разных должностях, он был инженером, начальником нормативно-исследовательской группы, начальником лаборатории экономики и организации труда, начальником отдела организации труда и заработной платы.

Дмитрий Александрович один из ведущих специалистов по нормированию труда в медной промышленности.

Скончался Дмитрий Александрович 9 апреля 1998 г. в г. Ревда Свердловской области.

◎ **Югай Феликс Сергеевич**[28]

Югай Феликс Сергеевич родился 29 июля 1934 г. в г. Хабаровск Дальневосточного края.

---

28) Югай Феликс Сергеевич [Электронный ресурс] URL: http://энциклопедия-урала.рф/index.php/Югай_Феликс_Сергеевич Дата обращения 20.08.2020

В 1957 г. окончил Уральский политехнический институт, по специальности «инженер-химик». Феликс Сергеевич Почетный выпускник УГТУ-УПИ.

В 1957–1960 гг. Феликс Сергеевич работал в конструкторском отделе завода «Уралхиммаш», с 1960 г. перешел в УГТУ-УПИ на должность ассистента, а, затем и доцента. В 1982–1996 гг. Феликс Сергеевич был заведующим кафедрой «Машины и аппараты химических производств», с 1996 г. на этой же кафедре доцентом.

Феликс Сергеевич принимал участие в подготовке более 1000 специалистов по разработке и эксплуатации оборудования химической промышленности, составляющих основу инженерно-технических работников этой квалификации на предприятиях Уральского региона.

2. Среднее поколение

◎ Ан Ен Док

Ан Ен Док родился 16 августа 1950 г. в г. Томари Сахалинской области.

В 1974 г. Окончил Иркутский государственный университет (ИГУ) по специальности химик.

С 1974 г. - лаборант ИГУ; с 1976 г. - аппаратчик, старший технолог, заместитель начальника технического отдела, заместитель директора по коммерции Ангарского нефтехимического комбината, с 1997 г. - коммерческий директор ОАО «Ангарский завод полимеров»; с 2001 г. - заместитель директора по производству ООО ЗСК «Титан»; с 2003 г. - первый заместитель генерального директора, генеральный директор ЗАО «Полистирол»; с 2004 г. - генеральный директор ЗАО «Завод пластмасс»; с 2007 г. - заместитель генерального директора по производству ОАО «Башкирская химия», генеральный директор ОАО «Каустик» (г. Стерлитамак).

При его участии на ОАО «Каустик» реализован экологически уникальный, высокоэффективный проект «Кислота-отходы», позволяющий утилизировать твердые хлорорганические отходы производства эпихлоргидрина и перхлорэтилена и перерабатывать абгазную соляную кислоту в целевые продукты. Под его руководством реализован крупномасштабный проект по увеличению мощности комплекса ВХ-ПВХ (до 200 тыс. т/г.), закончена модернизация и реконструкция биологических очистных сооружений (БОС), в т.ч., строительство реагентного хозяйства, внедрение технологии утилизации слабоминерализованных стоков, модернизация аэротенков, за счет чего радикально изменилось качество стоков. Оптимизирована работа локальных очистных сооружений, разработана программа производства высокорентабельных продуктов специальной химии. Внес вклад в совершенствование технологии и экологии производства ключевой и перспективной продукции ОАО «Каустик» – соды каустической, ВХ, ДПК. Имеет 6 патентов на изобретения.

С 2019 – директор филиала АО «БСК» «БАШХИМ» в г. Москве.

◎ Ан Розалия Николаевна[29)]

Ан Розалия Николаевна кандидат медицинских наук, доцент, врач высшей категории. Родилась 27 ноября 1950 г. в

---

29) Биографии [Электронный ресурс] https://koryo-saram.ru/wp-content/uploads/2015/01/KoreSaram04.pdf Дата обращения 01.09.2020

колхозе имени Ленина (уч. «Звезда») Нижне-Чирчикского р-на Ташкентской области В 1977 г. окончила Кемеровский государственный медицинский институт (КГМИ) (г. Кемерово), санитарно-гигиенический факультет, по специальности «санитария». Училась в клинической ординатуре, а затем в аспирантуре при кафедре эпидемиологии КГМИ. В 1987 г. защитила диссертацию на соискание ученой степени кандидата медицинских наук. С 1982 по 1989 гг. работала ассистентом кафедры эпидемиологии КГМИ. С 1989 по 2001 гг. работала старшим преподавателем, доцентом кафедры эпиде-миологии, экологии и организации здравоохранения Новокузнецкого государственного института усовершенствования врачей. С 2001 г. по настоящее время является доцентом кафедры эпидемиологии Уральского государственного медицинского университета (г. Екатеринбург). Член правления и исполнительный директор Екатеринбургской городской общественной организации «Национально-культурная автономия российских корейцев» (ЕГОО НКА РК). В 2009 и 2011 гг. избиралась членом консультативного совета по мирному демократическому объединению Кореи.

Автор более 70 научных и научно-методических публикаций и монографии, посвященных вопросам эпидемиологии и фагопрофилактики важнейших инфекций человека. Награждена Почетными грамотами Министерства культуры РФ, Губернатора Свердловской области, Министерства образования СО и Администрации г. Екатеринбурга.

◎ Ан Андрей Анатольевич

Ан Андрей Анатольевич - Директор Федерального государственного бюджетного учреждения здравоохранения Медико-санитарной части № 70 – Уральский центр профессиональной патологии им. Ю. А. Брусницына Отмечен ведомственным нагрудным знаком ФМБА России «Бронзовый крест ФМБА России»

◎ Кан Нэлли Борисовна

Кан Нэлли Борисовна Старший преподаватель Кафедры физической культуры Сургутского государственного университета. Закончила Казахский институт физической культуры по специальности Физическая культура и спорт. 2007-2011 гг. обучалась в аспирантуре Сургутского государственного университета по специальности «Теория и методика физического воспитания, спортивной тренировки, оздоровительной и адаптивной физической культуры.

◎ Кан Станислав Александрович

Кан Станислав Александрович, с января 2013 г. главный врач центральной городской больницы Берёзовского Свердловской области. Заслуженный врач Чеченской Республики. В 2000 г. Станислав Александрович окончил интернатуру Астраханской государственной медицинской академии по специальности «Детская хирургия». Он неоднократно сертифицировался и повышал свою квалификацию. В 2008 году ему присвоена высшая квалификационная категория по специальности «Организация здравоохранения и общественное здоровье». В 2009 г. Станиславу Александровичу присвоено ученое звание Кандидат медицинских наук и «Отличник здравоохранения Чеченской республики». Кроме того, в 2009 г. получил второе высшее образование по специальности «Юрист» в Чеченском институте бизнеса и управления. Вызывает уважение и послужной список нового Главного врача. С 2000 г. по 2001 г.: врач - хирург 117 поликлиники Каспийской Флотилии. с 2001 г. по 2002 г.: ординатор операционно-перевязочного взвода, заместитель командира медицинской роты отдельного медицинского батальона в Чеченской Республике. С 2002 г. по 2005 г.: старший ординатор хирургического отделения военного госпиталя в Чеченской Республике. С 2005 г. по 2012 г.: председатель военно-врачебной комиссии военного комиссариата Чеченской Республики. Армейские ряды оставил в звании подполковника медицинской службы. Награжден ведомственными наградами: «За воинскую доблесть» I и II степени, «За боевое содружество» - ФСБ РФ, «200 лет МВД РФ». Женат, имеет троих детей.

◎ Кан Яков Константинович

Кан Яков Константинович врач высшей категории, хирург, получил медицинское образование в Томском государственном медицинском институте, который окончил с отличием в 1987 г. Затем поступил в интернатуру по специальности «Хирургия». Постоянно совершенствуется

и повышает свою квалификацию. Так, Яков Константинович прошел курс «Актуальные вопросы неотложной хирургии» при Тюменской медицинской академии в 1997 г.; курс «Травма центральной и периферической нервной системы» в Санкт-Петербургском НИИ нейрохирургии им Поленова в 1998 г; курс «Диагностика и интенсивная терапия неотложных состоянии в практике хирурга» в Пермской государственной медицинской академии в 2001 г.. В 2011 г. получил сертификат «Хирургия» в Центр последипломного образования ХМАО и прошел сертификационный цикл «Хирургия» в РМАПО МЗРФ в 2016 г.

В профессии более 30 лет. Работал в Первомайская Центральной Районной больнице Томской обл. в хирургическом отделении, затем в Центральной городской больнице г. Радужный ХМАО в хирургическом отделение. На сегодняшний день живет и работает в Москве.

◎ **Ким Александр Андреевич**[30]

Ким Александр Андреевич родился в 1953 г., Профессор Александр Андреевич окончил Московский инженерно-физический институт по специальности «Физика твердого тела», является ведущим научным сотрудником Института

---

[30] Сын Кима Андрея Ивановича. Подробнее о нём см. С.112

сильноточной электроники Сибирского отделения РАН, где работает с 1977 г. Областью его научных интересов стали исследования формирования электронных пучков в диодах с магнитной изоляцией, исследование и разработка мощных импульсных генераторов и их элементной базы. А.А. Ким предложил и экспериментально продемонстрировал возможность создания мощных первичных накопителей на основе линейных трансформаторов с временем вывода энергии ~100 нс. В 1984 г. защитил кандидатскую диссертацию по физико-математическим наукам, в 2002 году – докторскую диссертацию по техническим наукам. В 1998 г. Киму А.А. присвоено ученое звание старшего научного сотрудника. Александр Андреевич имеет более 90 научных трудов. Руководил выполнением дипломных работ студентов Томского государственного университета и Томского политехнического университета.

◎ Ким Анатолий Анатольевич

Ким Анатолий Анатольевич родился 24 сентября 1958 г. на ст. Кок-Су Кировского района Талды-Курганской области, Казахстан. С 1959 по 1970 гг. жил в ХМАО – Югре. С 1970 по 1974 гг. учился в средней школе No 1 поселка Мыс Каменный Ямальского района, ЯНАО. В 1975 г. поступил в Тюменский индустриальный институт, который окончил в 1980 г., получив специальность «горный инженер-нефтяник». По распределению был направлен в ПО «Сургутнефтегаз», ныне ПАО «Сургутне-фтегаз», где и продолжает трудиться по настоящее время.

Первая статья Анатолия Анатольевича вышла во время учебы в школе в газете «Правда тундры» Ямальского района. Это был рассказ о геологах. После окончания Тюменского индустриального института в печатных изданиях нефтяной тематики самостоятельно и в соавторстве с профессиональными корреспондентами неоднократно готовил к выпуску материалы, касающиеся вопросов своей трудовой дея-тельности. Публиковаться же под своим именем или псевдонимом (Анатолий Акимов) начал с 2017 г.. В конце 2016 г. потерял отца Ким Анатолия Индековича, поэтому основная часть пу-бликаций посвящена ему – это долг сына и продолжателя династии горных инженеров. Подготовка материалов о великих геологических открытиях Анатолием Анатольевичем будет продолжена. Этот период истории освоения богатств ХМАО – Югры и ЯНАО практически не освещен объективно.

Анатолий Ким, как сын геолога, знавший практически всех участников событий тех лет, должен успеть оставить для потомков воспоминания героев эпохи грандиозных открытий нефтяных и газовых ме-сторождений. Статьи об отце и геологах публиковались в журналах «Ямальский меридиан» и «Сибирские истоки», издающихся в ЯНАО, а также в газетах ХМАО – Югры и Тюменской области. Как говорит сам автор книги: «Прожив почти 54 года в ХМАО – Югре и ЯНАО, считаю эти громадные территории своей малой родиной. Все события, свидетелем которых я был, требуют осмысления. Многие люди, с которыми я шёл по жизни рука об руку или, наоборот, у которых был в оппонентах, – неординарные личности с яркой судьбой. О них надо писать – это история России в лицах и судьбах. А значит, и моя судьба!»

◎ Ким Дмитрий Гымнанович[31]

Ким Дмитрий Гымнанович доктор химических наук, профессор кафедры «Теоретической и прикладной химии», химического факультета, Южно-Уральского государственный университет. Родился 16 мая 1948 г. в Узбекистане,

---

31) Д. Г. Любимое дело Дмитрия Кима: [беседа с зав. каф. органической химии ЮУрГУ Кимом Д.Г. / подготовил И. Загребин] // Технополис. –2013. –22 фев. (No 3). –С. 5

в Пскентском районе. В 1966 г. закончил среднюю школу г. Алмалык Ташкентской области. После окончания школы поехал учиться в Иркутск, В 1972 г. закончил с отличием химический факультет Иркутского государственного университета по специальности «Химия». После поступил в аспирантуру при Иркутском институте органической химии. Работал в Иркутском институте органической химии СО АН СССР. В 1980 г. Ким Д.Г. переехал в Челябинск, устроился работать в Челябинский государственный университет. В 2004 году в УГТУ защитил Диссертацию доктора химических наук на тему «Гетероциклизация N-,O- и S-винильных и аллильных производных азинов». В 2007 г. перешел работать в ЮУрГУ. Ученое звание профессора получил в 2007 г. Заведовал кафедрой органической химии ЮУрГУ с 2008 по 2016 гг.

Автор более 350 печатных работ, в т. ч. 13 авторских свидетельств на изобретения, 9 учебных пособий, более 80 статей WoS, свыше 290 статей РИНЦ, 4 обзорных статьи в журнале Химия гетероциклических соединений. Под руководством Дмитрия Гымнановича защищено не мало научных работ. Награжден Почетной грамотой Министерства образования и науки РФ (2009), Дипломом лауреата премии «Признание ЮУрГУ» в области науки (2012). В 2013 присвоено почетное звание Министерства промышленности и торговли РФ «Почетный химик». В 2017 г. присвоено звание «Почетный работник сферы образования РФ».

◎ Ким Наталья Васильевна[32]

Ким Наталья Васильевна доктор экономических наук, профессор Челябинского педагогического университета. 20 лет проработала в планово-экономическом отделе одного из подразделений ЧТЗ. Получила высшее инженерное образование в Челябинском политехническом институте. Но, не видя дальнейших перспектив своего роста, ушла из ЧТЗ, перешла работать в отдел ревизий Управления федерального казначейства по Челябинской области, где возглавила отдел ревизий.

Должность в федеральной структуре вы оставили ради науки. В 1999 году перешла на должность доцента кафедры финансового менеджмента факультета экономики и права в ЮУрГУ. 17 мая 2000 г. мною защитила кандидатскую диссертацию. Тема: «Формирование механизмов

---

32) Наталья Ким, доктор экономических наук, завкафедрой экономики ЧГПУ: «Я все беру какие-то вершины» материала: [Электронный ресурс] URL:http://diplom.74.ru/text/education/264344.html Дата обращения 21.10.2017 г.

эффективного использования ресурсов общественного сектора в переходной экономике». Через 2 года в 2002 г. Защитила докторскую диссертацию. В 49 Наталья Васильевна защитила кандидатскую, в 57 – докторскую, в 58 блестяще сдала сложнейший экзамен по международным стандартам финансовой отчетности (МСФО) и получила диплом ACCA DipIFR. Ее любят студенты, за советом к ней приезжают известные бизнесмены, она находит ответ на любой вопрос.

◎ Ким Валерий Семенович[33)]

Ким Валерий Семенович доктор исторических наук, доктор политических наук, профессор Факультет Евразии и Востока кафедры зарубежного регионоведения, политологии и восточной философии Челябинского Государственного Университтета. Валерий Семенович по специальности филолог, преподаватель китайского и английского языков (В.С. Ким владел русским, корейским, китайским, узбекским языками) и литературы. Проходил службу в рядах вооруженных сил СССР на космодроме «Байконур», работа проректором по экономике и предпринимательству, проректором по

33) Ким Валерий Семенович [Электронный ресурс] URL: https://www.csu.ru/Lists/List4/sotrudnik.aspx Дата обращения 21.10.2017 г.

международным связям, деканом факультета международных экономических отношений Ташкентского государственного института востоковедения, директором института Конфуция (Ташкент). В.С. Ким активно занимался спортом и в составе сборной СССР по футболу на Всемирных всекорейских спортивных играх в Сеуле (1989) одержал победу. Автор более 80 научных работ, включая монографии. Был награжден правительственными наградами от президентов Южной Кореи, Узбекистана и многих других. В апреле 2016 г. В результате продолжительной болезни ушел из жизни.

◎ **Ким Аркадий Владимирович**

Ким Аркадий Владимирович доктор физико-математических наук, профессор родился 18 октября 1958 г. В 1980 г. окончил математико-механический факультет Уральского госуниверситета им. Горького. С 1980 г. работает в Институте математики и механики УрО РАН. В настоящее время руководитель группы Функционально-дифференциальных уравнений. В 1987 г. защитил кандидатскую диссертацию на тему «Метод функционалов Ляпунова-Красовского в динамике распределенных систем». В 2001 г. защитил докторскую диссертацию на тему

«Некоторые задачи качественной теории функционально-дифференциальных уравнений». С 1997 по 1999 работал в Control information system laboratory, School of Electrical Engineering, Seoul National University, Seoul, Republic of Korea. Владеет английским языком, победитель конкурса «Лучшие ученые РАН»

◎ Ким Олег Петрович[34)]

Ким Олег Петрович родился 27 октября 1956 г. С 1993 г. занимается предпринимательской деятельностью. Руководит группой компаний «Макдэл». До 01.01.2018 г. являлся Председателем Томской национально-культурной автономии корейцев.

◎ Ким Александр Романович

Ким Александр Романович родился 31 июля 1966 г. Председатель ОМРО ООО «Общероссийское Объединение Корейцев»

---

34) Ким Олег Петрович [Электронный ресурс] URL: http://www.arirang.ru/news/2012/12094.htm Дата обращения 12.08.2020.

Партнер и внештатный сотрудник ОмГУ как председатель «Общероссийского объединения корейцев», Консультант по спортивным проектам, в частности по тхэквондо

◎ Ким Борис Анатольевич

Ким Борис Анатольевич родился в 1952 г. Имя Бориса Кима широко известно в музыкальных кругах не только в Бурятии, но и далеко за ее пределами. ВыпускникЛенинградского хорового училища им. М.Глинки и Ленинградской государственной консерватории 1975 г.

Весной 1975 г. по приглашению директора театра, выдающегося деятеля искусств Бурятии Д. Яхунаева и знаменитого баса Л. Линховоина он приехал в Улан-Удэ в Бурятский государственный театр оперы и балета. . Молодого специалиста назначили главным хормейстером, затем художественным руководителем Бурятского государственного театра оперы и балета Репертуар театра был весьма обширным, включал шедевры мировой классики, произведения бурятских композиторов. Первым серьезным испытанием стала опера «Хованщина» М. Мусоргского. В творческом союзе со многими дирижерами, работавшими в разные годы, были осуществлены и другие постановки, вошедшие в репертуарный фонд театра: «Князь Игорь» А. Бородина, «Пиковая дама» П. Чайковского, «Севильский цирюльник» П. Россини, «Кармен» Ж. Бизе, «Аида» и «Отелло» Д.Верди, «Тоска» и «Турандот» Д. Пуччини. Работа хора и его руководителя всегда заслуживала положительных отзывов у себя на родной сцене и на гастролях в Москве, Ленинграде и др. городах. В 1970-х гг., объединив вокруг себя эстрадно-музыкальную молодежь города, стал руководителем созданного им экспериментального молодежного театра-спутника. Был постоянным членом жюри многочисленных песенных фестивалей, в конце 80-х гг. XX в. участвовал в открытии Республиканской детской школы искусств. В 1995 году был назначен директором Бурятского государственного театра оперы и балета.

С июня 2000 г. Ким Б. А. был назначен первым заместителем министра культуры и массовых коммуникаций республики Бурятия.

Борису Анатольевичу были присвоены следующие государственные награды: в 1979 г. - заслуженный деятель искусств Бурятской АССР, в 1986 г. - Народный артист Бурятской АССР, в 1990 г. - заслуженный деятель искусств России.

30 Мая 2007 г. Борис Анатольевич Ким ушел из жизни.

◎ Ким Герман Викторович

Ким Герман Викторович родился 18 сентября 1962 г. в г. Южно-Сахалинске. До 1973 г. жил в Южно-Сахалинске, учился в городской музыкальной школе (по классу фортепиано).

В 1973 г. поступил в ССМШ (Ленинградская средняя специальная музыкальная школа) при Ленинградской государственной консерватории. В 1992 г. окончил Ленинградскую государственном консерваторию им. Н. Римского-Корсакова по двум специальностям – хоровое и оперно-симфоническое дирижирование.

Учась в консерватории, работал хормейстером в Ленинградской академической капелле им. М. Глинки. С 1993 по 1995 г. был дирижером в С. Петербургском государственном академическом театре оперы и балета им. М. Мусоргского. С 1995 по 1997 г. работал дирижером в Челябинском государственном академическом театре оперы и балета и преподавал в Челябинском институте культуры. С 1997 по 2001 г. работал дирижером в Екатеринбургском государственном академическом театре оперы и балета и преподавал в Екатеринбургской государственном консерватории. С 2001 г. работает в Уфе в Башкирском государственном театре оперы и балета. Гастролировал с концертами в Южной Корее.

◎ Ким Игорь Владимирович[35]

Ким Игорь Владимирович родился 12 января 1966 г. в городе Уштобе в Казахстане. Окончил физико-математическую школу при Новосибирском государственном университете (НГУ), а в 1990 г. — НГУ по специальности «экономическая кибернетика». Сразу после университета занялся бизнесом: открыл кооператив на базе студенческого стройотряда, а потом торговал на бирже. Заработанные средства вложил в банковскую сферу — так началась его карьера в качестве банкира и инвестора. В 1992 г. стал соучредителем Русского Народного Банка (РНБ), а год спустя — его основным владельцем. С 1995 г. был председателем правления РНБ.

В 1996 г. вместе с партнерами приобрел контрольный пакет Сибакадембанка, а в 1998 г. к нему присоединили РНБ. С 1998 по 2004 г. возглавлял правление Сибакадембанка, а

---

35) Биография — Игорь Ким [Электронный ресурс] URL: https://finparty.ru/personal/igor-kim/ Дата обращения 11.12.2018 г.

позднее — совет директоров.

В 2001-2004 гг. был председателем правления банка «Каспийский» в Казахстане.

В 2004 г. Игорь Владимирович приобрел вместе с партнерами Уралвнешторгбанк и возглавил его совет директоров.

В 2006 г. Сибакадембанк и Уралвнешторгбанк были консолидированы под брендом «Урса Банк» и объединенный банк вошел в 20-ку крупнейших в стране.

В 2008 г. акционеры Урса Банка и МДМ-Банка приняли решение об их слиянии, при этом Игорь Ким возглавил правление и вошел в совет директоров объединенного банка «МДМ-Банк». В 2010 г. покинул правление.

В 2011 г. банкир вместе с партнерами выкупил Барклайс Банк, входящий в банковскую группу Barclays. После этого вернул банку первоначальное название — Экспобанк.

В 2012 г. Игорь Владимирович приобрел «ВестЛБ Восток» — дочерний банк европейского WestLB AG. Затем, при участии Экспобанка, купил и присоединил компанию «ФБ-Лизинг» и чешский LBBW Bank CZ a.s., который переименовал в Expobank CZ as. В 2015 г. Экспобанк выкупил у компании «Алроса» 100% акций МАК-Банка, а в 2016 г. — «Королевский банк Шотландии», входящий в группу Royal Bank of Scotland, за что Экспобанк был награжден в номинации «Сделка года» международным журналом EMEA Finance. В 2017 г. чешский

Expobank CZ приобрел 100% акций сербского Marfin Bank у кипрского Cyprus Popular Bank Public Co Ltd, переименовав его в Expobank JSC. В том же году к Экспобанк купил 100% акций АКБ «Япы Креди Банк Москва» у одного из крупнейших турецких банков Yapi Kredi Bankasi A.S.

В 2018 г. завершился процесс присоединения и интеграции «Япы Кредит Банк Москва» к Экспобанку. В этом же году Экспобанк объявил о сделке по покупке 15% акций СДМ-Банка у Европейского банка реконструкции и развития. Для Экспобанка сделка стала портфельной инвестицией.

В 2019 г. Экспобанк пришел к соглашению с акционерами ПАО «Курскпромбанк» о приобретении контрольного пакета акций.

В Новосибирске Игорь Владимирович учредил именную стипендию для студентов экономического факультета НГУ. Ее цель — выявить талантливых студентов и вызвать у них интерес к банковской деятельности. За 4 года в программе приняли участие более 300 человек, выплачено 22 стипендии.

Игорь Владимирович дважды входил в список 200 богатейших бизнесменов России по версии журнала Forbes: в 2009 и в 2011 гг. А в 2003 и 2009 гг. признан «Банкиром года» в России .

В 2006 г. Игорь Владимирович награжден Почетным знаком «За честь и доблесть» Всероссийской общественной премии «Российский национальный Олимп». В 2018 г. Игорю Киму присвоено Почетное звание «Заслуженный экономист Российской Федерации».

◎ Ким Игорь Николаевич

Ким Игорь Николаевич врач высшей категории, кандидат медицинских наук. Заведующий отделением сосудистой хирургии, врач сердечно-сосудистый хирург Новосибирской областной больницы. Окончил в 1997 г. Новосибирский государственный медицинский институт.

◎ Ким Евгений Моисеевич

Ким Евгений Моисеевич врач кардиохирург, специализирующийся по рентгенэдоваскулярным диагностике и лечению в Национальном медицинском исследовательском центре имени академика Е.Н. Мешалкина г. Новосибирск.

В профессии 34 года. Евгений

Моисеевич В1982 г. окончил Киргизский Государственный Медицинский Институт с отличием по специальности «врач-лечебник», в том же году поступил и в 1983 г. окончил Интернатуру по общей хирургии, по специальности «хирург» В 1988 г. - при КГМИ на кафедре общей хирургии прошел клиническую ординатура по общей хирургии. Евгений Моисеевич постоянно совершенствуется и проходит различные курсы повышения квалификации, например: в 2000 г. НЦССХ им. А.Н. Бакулева в Москве, курс лекций и практических в рамках II Международного курса по эндоваскулярной хирургии врожденных и приобретенных пороков сердца, коронарной и сосудистой патологии; в мае 2007 г. в Москве «Джонсон & Джонсон» тренинг на симуляторе по теме: «Стентирование сонных артерий: теория и практика»; в 2007г. Санкт-Петербург, Военно-медицинская академия, стажировка на рабочем месте по интервенционной и др.

◎ Ким Александр Михайлович

Ким Александр Михайлович родился 20 ноября 1957 г. в поселке Адрасман Таджикской ССР. В 1981 г. окончил Иркутский политехнический институт. Трудовую деятельность начал в 1974 г. сезонным рабочим

Северной геофизической экспедиции (Таджикская ССР). В 1977 г. устроился рабочим Петрографического отряда Геологического института. В 1981-1996 г. работал в геофизических трестах и экспедициях Ямало-Ненецкого автономного округа, а уже в 1996 г. стал заместителем генерального директора ОАО «Уренгойнефтегазгеология». В 1998 г. был назначен заместителем гендиректора ОАО «Ямалнефтегаздобыча», с 1998-1999 гг.работал на должности заместителя мэра Салехарда. С 2001 г. - начальник Департамента экономики администрации Ямало-Ненецкого автономного округа. С декабря 2001 г. - заместитель губернатора Ямало-Ненецкого автономного округа, начальник департамента экономики. В апреле 2010 г. назначен на должность первого заместителя губернатора Ханты-Мансийского автономного Округа-Югры. Являлся лицом, ответственным за информатизацию региона. В октябре 2015 г. не вошел в новый состав правительства округа.

◎ Ким Ольга Маратовна

Ким Ольга Маратовна Заведующая труппой хора Бурятского государственного академического театра оперы и балета им.н.а.СССР Г.Ц.Цыдынжапова. Родилась в городе Усолье-Сибирское Иркутской области.

После окончания отделения хорового дирижирования музыкального училища им. П.И. Чайковского поступила на работу в Бурятский театр оперы и балета в качестве артистки хора в 1986 г.

С 2007 г. хормейстер, с 2014 г. — заведующая хором.

В 2016 г. получила звание заслуженной артистки Республики Бурятия.

◎ Кривова Наталья Андреевна[36]

Кривова (дев. Ким) Наталья Андреевна родилась. 4 октября 1950 г., в Нижнем Тагиле Свердловской области, биолог, деятель высшего образования и науки. Выпускница биолого-почвенного факультета 1972 г. С 1972 по 1977 гг. являлась аспирантом кафедры физиологии человека и животных биолого-почвенного факультета Томского государственного университета (ТГУ). С 1977 г. работала младшим, затем старшим научным сотрудником, заведующей лабораторией физиологии пищеварения, заместителем директора по научно-организационной работе ТГУ. С 1998 по 2012 гг. - директор Научно-

---

36) Дочь Кима Андрея Ивановича. Подробнее о нём см. С.112

исследовательского института биологии и биофизики (НИИББ), по совместительству в 1997–1999 гг. – профессор Томского государственного педагогического университета (ТГПУ). С 2002 г. – профессор кафедры природопользования геолого-географического факультета ТГУ.

Область научных исследований Натальи Андреевны – физиология пищеварения, эндоэкология. В 1982 г. она защитила кандидатскую диссертацию и получила степень кандидата биологических наук. А уже в 1994 г. стала доктором биологических наук. Наталья андреевна автор более 90 научно исследовательских работ. Имеет 1 патент и 2 авторских свидетельства на изобретения.

В 1983 г. Кривова Н.А. получила премию ТГУ для молодых ученых за цикл статей по теме «Желудочная секреция при дефиците кортикостероидов»

С 1996 г. Наталья Андреевна действительный член Российской академии естественных наук.

В 1998 г. награждена медалью «За заслуги перед Томским государственным университетом и почетным знаком РАЕН «За заслуги в развитии науки и экономики». Кроме того, в этом же году ей присвоены звания «Почетный работник высшего профессионального образования РФ» и «Почетный работник науки и техники РФ»

С 2001 г. она член проблемной комиссии по направлению «Физиология пищеварения» Научного совета Российской

Академии наук по физиологическим наукам.

◎ Ли Марат Михайлович

Ли Марат Михайлович, кандидат физико-математических наук, доцент кафедры физики и общетехнических дисциплин Политехнического институтаЮгорскогогосударственного университета. Родился в 1952 г. Работает в ЮГУ, работал в компании «ТГПИ им. Д.И. Менделеева» Изучал Теоретическую и математическую физику в Московском областном Педагогическом Институте им. Н. К. Крупской. Учился в Тверском Государственном Университете. Живет в г. Ханты-Мансийск.

◎ Ли Роза (Гын Сиковна)

ЛиРоза(ГынСиковна)Владимировна является Национально-культурной автономии корейцев Улан-Удэ. Всю жизнь проработала в школе, является учителем начальных классов МАОУ «СОШ № 35» г. Улан-Удэ Высшей категории. В 1969 г. Закончила

Ташаузское педагогическое училище, а в 1992 г. Бурятский государственный педагогический институт им. Д. Банзарова. Награждена знаками отличия «Почётный работник образования РФ», «Заслуженный учитель РБ», является Победителем конкурса «Лучшие учителя РФ», Ветеран труда.

◎ Ли Виктор Себович

Ли Виктор Себович родился 19 августа 1952 г. Выпускник Барнальского военно-воздушного уччилища летчиков 1974 г., в силу обстоятельствв судьбы и военной карьеры оказался в Екатеринбурге, где дослужился до заместителя командира полка. Но затем военнный

летчик 1 класса, подполковник Виктор Себович Ли был списан по ранению и заканчивал военную карьеру на командном пункте ВВС Уральского военного округа.

Семья уральца с алтайскими корнями Виктора Ли: жена Анна (Зайферт), он сам, дочь Екатерина (Дроздова) и внуки.

В настоящее время Виктор Ли один из учредителей Общества с ограниченной ответственностью «Производственная строительная фирма МЕТАЛЛОН», специализирующегося на маркентинговых исследованиях и других видах предпринимательской деятельности. У Виктора Себовича интернациональная семья — его жена Анна (в девичестве Зайферт) — немка, родом, из Рубцовского района Алтайского края, по профессии учитель-филолог, которой и посвятила всю свою жизнь. Две дочери Виктора Ли дальше «растворили» свое корейское происхождение — одна вышла замуж за татарина, а другая — за русского.

◎ Ли Таисия Сергеевна

Ли Таисия Сергеевна Главный детский пульмонолог Алтайского края, кандидат медицинских наук, доцент кафедры педиатрии № 1 с курсом детских инфекций Алтайского государственного медицинского университета. Врач высшей квалификационной категории, работает в клинике: Центр «Детское здоровье» г. Барнаул. В профессии более 40 лет.

Таисия Сергеевна Ли, окончила школу в с. Крутишка Тюменцевского района Алтайского края. Учась в школе, испытывала определенный дискомфорт в общении со сверстниками, которые давали понять, что она отличается от них национальной принадлежностью. Выбор профессии и дальнейшей учебы был обусловлен ее желанием стать врачом – она окончила Барнаульский государственный медицинский институт, каких-либо ограничений по национальному признаку во время учебы в вузе и аспирантуре не испытывала. Работала в системе здравоохранения в г. Барнауле, карьера складывалась благополучно. Брак смешанный, муж русский, это не вызывало проблем в отношениях с родственниками. У Таисии Ли есть сын, он считает себя больше корейцем, чем русским. Но в семье Таисии Ли фактически не соблюдаются национальные традиции, не используется корейский язык. Связей с родственниками в Южной/Северной Корее нет, нет и контактов с соотечественниками по научной, деловой и пр. линиям.

Основная научная/профессиональная специализация – астма, пульмонология, раннее детство. Таисия Ли в 1984 г. успешно защитила кандидатскую диссертацию об особенностях адаптации недоношенных и доношенных детей, родившихся от матерей с инфекционной патологией. Подготовила к защите докторскую диссертацию на тему «Бронхиальная астма у детей: вопросы эпидемиологии» в рамках научной школы проф. Е.Г.Кандюриной (Новосибирская медицинская академия). Ее научным консультантом является и ведущий пульмонолог Алтайского края проф. Я.Б.Шойхет. По профессиональным показателям Т.С. Ли входит в 100 лучших врачей России. Разработала уникальные методики лечения бронхиальной астмы у детей, под ее руководством в Алтайской краевой детской поликлинике работает специальный центр астмы.

Таисия Сергеевна является организатором и руководителем краевого детского Астма-центра, Председателем правления Алтайского отделения Российского педиатрического Респираторного общества. Занимается диагностикой и лечением заболеваний органов дыхания у детей. Особое внимание уделяет ведению больных с бронхиальной астмой и обструктивными заболеваниями органов дыхания, применяя современные новейшие методики диагностики и лечения. Регулярно проходит повышение квалификации в ВУЗах Москвы, Санкт-Петербурга, Казани, Новосибирска, Томска, Барнаула. Имеет специализации в Германии, Великобритании. Принимает активное участие в работе Российских и Международных конгрессов. Автор 127 печатных работ, из них 33 методических пособий для врачей-педиатров, пульмонологов, аллергологов. Внесена в список энциклопедий «Лучшие люди России» в 2011 году и «WHO IS WHO в России» в 2009 году. Организатор и руководитель краевого детского Астма-центра, Председатель правления Алтайского отделения Российского педиатрического Респираторного общества Высококвалифицированный, очень востребованный специалист, пользующийся широкой популярностью и уважением у пациентов и родителей.

Представители корейской национальности встречаются во многих государственных структурах, как центральных, так и местных органов государственной власти.

◎ Лим Игорь Николаевич[37]

Лим Игорь Николаевич родился 3 августа 1952 г. в Ленинабаде (Таджикская ССР).В 1974 г. окончил Казанский инженерно-строительный институт по специальности «инженер -строитель».

По направлению трудовой деятельности в том же году начал работать мастером в строительно-монтажном управлении управления по добыче нефти и газа «Джалильнефть», расположенной в Сармановском районе Татарской АССР, затем до 1976 г. занимал должность прораба.

В 1976 г. переехал в Нефтекамск и до 1979 г. работал прорабом, начальником производственно-технического отдела (ПТО) строительного треста республиканского значения «Башнефтепромстрой» (бнпс).

---

37) Википедия — ирекле энциклопедия мәғлүмәте (на башкирском языке) [Электронный ресурс] URL: https://ba.wikipedia.org/wiki/Лим_Игорь_Николаевич Дата обращения 02.08.2020

В том же 1979 г. некоторое время занимал должность старшего прораба на Нефтекамском участке передвижной механизированной колонны объединения «Башнефть», после чего продолжил трудовую деятельность в строительном тресте «БНПС»: до 1981 г. был руководителем ПТО 4-го строительного управления. В 1971-1986 гг. — главный инженер и начальник передвижной механизированной колонны треста «Башнефтепромстрой», в 1986-1994 гг.-главный инженер треста «Башнефтепромстрой».

В декабре 1994 г. Игорь Лим был назначен на должность главы городской администрации Нефтекамска и проработал в этой должности до мая 2003 г. В этот период он избирался депутатом Палаты представителей Государственного Собрания — Курултая Республики Башкортостан.

С мая 2003 г. по август 2006 г. работал директором Арланского керамического кирпичного завода, затем с мая 2008 г. был генеральным директором строительной организации «Интегралжилстрой», до выхода на заслуженный отдых в марте 2013 г. работал руководителем производственно-технического отдела ОАО «Нефтегазстрой».

За большой вклад в строительство и дальнейшее развитие города Нефтекамск и активное участие в общественной жизни города решением Совета городского округа

Нефтекамск от 27 июня 2013 г. № 3-14/09 Игорю Николаевичу Лиму присвоено почетное звание «Почетный гражданин города Нефтекамск».[38]

◎ Нам Олег Сергеевич[39]

Нам Олег Сергеевич Депутат Думы Ханты-Мансийского автономного округа – Югры четвертого созыва от Нижневартовского одномандатного избирательного округа № 10. Член Комиссии по бюджету, финансам и экономической политике Думы автономного округа.

Родился 17 августа 1953 года в Нижне-Чирчикском районе Ташкентской области, Узбекистан, кореец, женат, имеет двоих детей.

Образование высшее: окончил Грозненский нефтяной институт. Кандидат технических наук. Член-корреспондент Российской академии естественных наук.

Награжден медалью Ордена «За заслуги перед Отечеством II степени», Почетным знаком Правительства Ханты-

38) Официальный сайт Совета городского округа город Нефтекамск Республики Башкортостан. Почетные граждане города Нефтекамска

39) http://zampolit.com/dossier/nam-oleg-sergeevich/

Мансийского автономного округа – Югры. Имеет почетные звания «Почетный нефтяник», «Почетный работник ТЭК», «Заслуженный работник нефтегазодобывающей промышленности Ханты-Мансийского автономного округа».

1970–1975гг. – студент Грозненского нефтяного института. 1975–1980 гг. – помощник бурильщика, помощник бурового мастера, начальник смены РИТС, начальник РИТС нефтеразведочной экспедиции Управления геологии при Совете Министров Туркменской ССР. 1980–1985 гг. – инженер, начальник участка ЦК и ПРС Ставропольского НГДУ ПО «Ставропольнефтегаз». 1985–1993гг. – заместитель начальника цеха, начальник цеха, главный инженер, начальник УПНП и КРС ПО «Ставропольнефтегаз» (г. Радужный, Ханты-Мансийский автономный округ). 1993–1994гг. – начальник УПНП и КРС ПО «Варьеганнефтегаз». 1994–1995гг. – генеральный директор ЗАО «Сиданко-Сервис». 1995–1999гг. – первый заместитель генерального директора – главный инженер АООТ «Варьеганнефть». 1999–2000гг. – исполнительный директор ОАО «Нижневартовскнефтегаз». 2000–2003гг. – директор филиала ОАО «ТНК», «ТНК-Сибирь». 2003–н/в – директор филиала ОАО «ТНК-ВР Менеджмент», «ТНК-ВР Западная Сибирь» в г. Нижневартовске.

◎ Огай Виктор Михайлович[40]

Огай Виктор Михайлович. Председатель арбитражного суда Алтайского края. 1948 г. рождения, уроженец г. Корсаков Сахалинской области. В 1975 г. окончил Алтайский государственный университет по специальности «правоведение».

Назначению на должность судьи предшествовала работа в органах прокуратуры Алтайского края с 1981 по 1997 гг. Стаж в области юриспруденции составляет более 30 лет. Имеет первый квалификационный класс судьи. Награжден медалью «За заслуги перед судебной системой Российской Федерации» II степени, юбилейной медалью «20 лет арбитражным судам Российской Федерации», юбилейной медал «150 лет судебной реформы в России», почетной грамотой Высшего Арбитражного Суда Российской Федерации, почетной грамотой судейского сообщества Алтайского края, почетной грамотой Администрации Алтайского края, почетной грамотой Алтайского краевого Законодательного собрания, юбилейной медалью «25 лет арбитражным судам Российской Федерации».

---

40) Судьи России [Электронный ресурс] URL: https://судьи-россии.рф/sudii/view/id/33111/from/4 Дата обращения 12.11.2018 г.

◎ Татьяна Ивановна Огай

Татьяна Ивановна Огай в 2000-е гг. руководила корейским национальным центром. Она по происхождению – из сахалинских корейцев, владеет родным языком, причем в его южнокорейском варианте - когда-то именно из южных районов Кореи были переселены ее предки на Курилы. Татьяна Ивановна еще вk есной 1991 г. проявила предпринимательскую инициативу — создала фирму широкого культурно-досугового профиля «ГУРАН ТОО», или акционерное общество закрытого типа по профилю «менеджмент, наука, туризм». Ее работа составила логистическую основу и общественной деятельности, но потом семейная трагедия и другие обстоятельста не позволили Татьяне Ивановне продолжить начатое дело.

◎ Пак Вениамин Александрович[41)]

депутат Законодательного собрания Новосибирской области. Вениамин Пак родился 18 мая 1961 г. в г. Находке Приморского края. Затем его семья переехала в Душанбе. Рос подвижным и беспокойным ребёнком. В школе

---

41) Пак Вениамин Александрович [Электронный ресурс] URL: http://www.cbsmakarenko.ru/names/pak-k.html Дата обращения 08.08.2018 г.

учился с тройками, что огорчало родителей.

В 1978 г. школу он окончил без троек, в этом же году поступил на электроэнергетический факультет Новосибирского электротехнического института (в настоящее время НГТУ).

Во время учёбы в ВУЗе Вениамин Пак начинает заниматься каратэ-до в существовавшем при НЭТИ клубе «ОЛИМП». Первые успехи в спорте не заставили ждать долго, через год, на Всесоюзных соревнованиях по каратэ-до в Ленинграде он единственный из новосибирцев завоевал серебряную медаль.

А полгода спустя на первом Чемпионате Советского Союза в Ташкенте Пак становится первым в истории этого вида спорта чемпионом СССР и кроме этого, судьи присудили новосибирцу приз за самую лучшую технику. В этом же 1981 г. Вениамину Паку присвоено звание Мастера спорта СССР.

Спортивная карьера развивается стремительно, в 1983 г., по окончании института Пак становится 3-х кратным чемпионом Советского Союза по каратэдо.

В 1984 г., в нашей стране вышел официальный запрет на каратэ-до, в Уголовном Кодексе появилась статья, запрещающая тренерскую и спортивную деятельность в этом виде единоборств. Сразу же закрылись большинство секций и групп. Оказавшиеся под запретом приспосабливались по-разному, кто-то ушёл в рукопашный бой, кто-то в дзюдо, и лишь самые верные каратэ продолжали тренироваться тайно. Группа под руководством Вениамина Пака занималась или рано утром в выходные дни, или вечером в закрытом зале. Это и было своего рода прикрытием.

В одном из интервью, когда в 1989 г. запрет на занятия каратэ был снят, Вениамин Пак, признался, что годы подполья были самыми трудными. Но пристальное внимание и давление со стороны КГБ и милиции, вынудив работать в подвалах, где не было элементарных условий, не сломали, возможно, потому что Пак вместе с учениками, Вячеславом Самсоновым, Дмитрием Шатохиным, Игорем Печёнкиным, Николаем Стафиевским, Евгением Жерздевым, Сон Ен Чаном и другими – жили каратэ.

В спортивно-профессиональном клубе «Успех»,[42] который Вениамин Пак основал в 1989 г., сегодня занимается около тысячи воспитанников. Он признан одним из ведущих в мире. По приблизительным подсчётам за 18 лет существования через клуб прошло более 10000 человек. Из них – не один десяток мастеров спорта, чемпионов разного уровня.

В 1999 г., в Москве, Вениамин Пак защитил кандидатскую

---

[42] Спортивно-профессиональный клуб «Успех» [Электронный ресурс] URL: http://www.uspekh-karate.ru/ Дата обращения 08.08.2018 г.

диссертацию, тема которой «Социально-психологический климат малой группы как условие развития личности».

С 2001 г. Вениамин Пак занимается социальными проектами в одной из ведущих в стране, фармацевтической компании «Россиб Фармация». Сфера его деятельности: адресная помощь, благотворительность, спонсорство, в первую очередь тем, кому труднее – детским домам, школам, медицинским учреждениям. По инициативе и при непосредственном участии Вениамина Пака в Новосибирске создана бесплатная служба доставки «Лекарства на дом». Благодаря этому новосибирцы, не выходя из дома, могут получить необходимые медикаменты по цене аптеки. Кроме того, малообеспеченные семьи пользуются льготными скидками.

2 декабря 2001 г. Вениамин Пак был избран депутатом Областного совета.

В 2002 г. В. А. Пак создал фонд поддержки социальных инициатив «Общее дело», основная задача которого – привлечение средств для благоустройства дворов и улиц, организации досуга молодёжи, социальной помощи. В частности, фонд инициирует строительство спортивных площадок, возведение детских городков, благоустройство дорог и организацию спортивных соревнований.

11 декабря 2005 г. В.А.Пак был избран депутатом Новосибирского областного Совета депутатов на второй

срок. Вениамин Александрович был председателем комитета по культуре и спорту и молодёжной политике областного Совета, активно сотрудничает с «Новосибирской школой практической журналистики». Сегодня Он Председатель комитета культуре, образованию, науке, спорту и молодёжной политике Законодательного Собрания Новосибирской области.[43]

Вклад В.А. Пака в развитие спорта в России огромен. Он продолжает трудиться на благо страны и подрастающего поколения. Вениамин Александрович полон сил и желания изменить мир вокруг себя к лучшему.

◎ Пак Вадим Борисович

Пак Вадим Борисович Председатель и основатель Тюменской областной Федерации тхэквондо, лучший тренер на постсоветском пространстве по тхэквондо, ученик генерала Южнокорейской армии Чой Хон Хи. Ему принадлежит заслуга развития тхэквондо в Бурятском автономном округе, Иркутской области и, конечно же, в Тюмени.

Отцу Вадима Борисовича, Паку Борису Ивановичу, было

---

43) Пак Вениамин Александрович [Электронный ресурс] URL: https://novosibirsk.er.ru/persons/5055/ Дата обращения 20.08.2018 г.

всего 12 лет, когда умер глава семьи. Так сложилось, что Борис рано стал самостоятельным, переехал из Янгиюля в Ташкент. Поступил в ремесленное училище, устроился в общежитие и приобщился к спорту. Изначально Борис увлекся тяжелой атлетикой, которая постепенно стала его образом жизни. По профессиональным меркам он поздно пришел в спорт, только в 19 лет. Но, несмотря на сложности, Борис шел к своей мечте, окончил физкультурный институт. Трудился, не обращая внимания на темпы других спортсменов. В 30 лет получил звание мастера спорта. Выступал за ЦСКА - Центральный спортивный клуб армии. 12 лет представлял сборную Узбекистана на первенстве Вооруженных сил СССР, на всесоюзном чемпионате, входил в шестерку лучших. Можно сказать, судьба его сына Вадима была предопределена.

Однако, Вадим Борисович ерепробовал все, что только можно было, пока искал себя. С восьми лет занимался плаванием, затем два года боксом, где смг заработать 1-й юношеский разряд. Затем увлекся дзюдо, и только в 12-13 лет пришел в тяжелую атлетику, но оставил этот вид спорта как вредный для здоровья. С 15 лет и до армии занимался карате. Служить Вадиму Борисовичу пришлось на трех флотах: Черноморском, Балтийском и Тихоокеанском.

В те годы в Советском Союзе зарождалось спортивное направление тхэквондо и после армии, 23-летний Вадим выбрал это направление. По конкурсному отбору он был выбран для годового обучения в Москве у самого основателя тхэквондо - генерала Южнокорейской армии Чой Хон Хи.

После стажировки Вадим Борисович вернулся в Ташкент и получил приглашение помочь развивать этот вид спорта в Бурятии. Проработав в Улан-Удэ до 1998 г. он уехал в Москву, но задержался там недолго. По предложению Огая Станислава Вильгельмовича, Вадим Борисович в 1999 г. организовал движение тхэквондо в Тюмени.

◎ Пак Александр Петрович[44]

Пак Александр Петрович родился 14 января 1955 г. в семье корейских переселенцев[45] в Ташкентской области Узбекской ССР. Алексей Петрович окончив в 1972 г. среднюю школу, поступил на санитарно-гигиенический факультет в Кемеровский медицинский институт. В 1977 г. молодой специалист был распределён в Управление общественного питания Тюменского облисполкома на должность главного санитарного врача.окончил санитарно-

---

44) «О человеке должны говорить результаты его работы» [Электронная версия] URL: https://tyumedia.ru/19301.html Дата обращения 12.09.2019.

45) Информация о родителях ниже, в биографии Пак Андрея Петровича.

гигиенический факультет Кемеровского мединститута. Приехал по распределению начальником сантехлаборатории Управления общепита области. Целеустремленный, инициативный, всегда участвовал в общественной жизни области. Был членом последнего обкома, депутатом райсовета. А в 29 лет стал директором Ленинского общепита со списочным составом 1500 человек.

В 1991-1992 гг. он какое-то время занимался частным бизнесом, возглавлял фирму «Триада». В 1996 г. он был приглашён на должность директора комбината школьного питания «Рассвет». 2001 г. стал заместителем директора департамента внешних связей и торговли Тюменской области, через три года возглавил предприятие ОАО «Тюменская ярмарка». В 2005 г. стал директором ОАО «Тюменьспиртпром». С 2007 г. работает заместителем главы г. Ишима. В 2004 г. окончил Тюменский государственный университет по специальности «Экономика и управление на предприятии». В 2005 г. защитил научную диссертацию в Тюменском Нефтегазовом университете. Кандидат социологических наук.

Жена Ким Ирина Константиновна всегда была и есть для него опора и надежный тыл, воспитавшая вместе с Александром Петровичем троих сыновей.

◎ Пак Андрей Петрович[46]

Пак Андрей Петрович Заместитель председателя Тюменской областной общественной организации корейцев «Единство».

Младший брат Пак Александра Петровича. Их родители - Пак Петр и Хан Алла - родились в Приморском крае в Шкотовском районе. Дед со стороны матери Хан Мен Сен был партизаном, большевиком, принимал участие в антияпонском движении и Гражданской войне. Дед со стороны отца, Пак Ман Чун, участвовал в установлении Советской власти. Был председателем сельсовета в 30-е гг. XX в.

В 1937 г. семья была депортирована в Узбекистан. По словам Андрея Петровича депортация не вызвала у его предков неприятия и по их воспоминаниям они принимали такое решение партии, и претворяли его в жизнь под коммунистические песни.

В Средней Азии семью разместили во временных строениях, а через два-три месяца началось распределение земель. Узбекский народ, встретили корейцев дружелюбно,

---

46) Самое важное в жизни родителей - это дети [Электронная версия] URL: http://www.dialog-urfo.ru/presscenter/interview?id=18 Дата обращения 12.09.2019

отвели земли (пусть и по велению партии).

Отец Андрея Петровича работал в колхозе, награжден двумя орденами Трудового Красного Знамени. Мать занималась домом, воспитывала детей и работала, получила звание ветеран труда.

Прожив в Узбекистане 67 лет родители, после развала СССР, переехали в Тюмень.

Андрей Петрович в 1979 г. поступил в Лениградский химико-фармацевтический институт, был направлен в Новокузнецкий химико-фармацевтический институт. Какое-то время работал на заводе и в колхозе. Достаточно долгое время работал в Ташкентском институте химии растительных веществ, занимался разработкой лекарственных форм, внедрением их на заводах. В 1982 г. возглавил санитарно-технологическую службу. 1986 г. был назначен генеральным директором объединения общественного питания Ленинского района города Тюмени.

◎ ПАК Сергей Анатольевич

ПАК Сергей Анатольевич родился 2 июля 1951 г., в поселке Кировск Кировского районана Талды-Курганской области Казахской ССР), заслуженный работник сельского хозяйства РФ. Окончив в 1973 г. Тюменский сельско-хозяйственный институт, начал свою трудовую деятельность главным зоотехником колхоза «Страна Советов» Юргинского района Тюменской области. Был первым секретарем райкома КПСС. Возглавлял исполком Абатского района Совета народных депутатов. В 1992 г. стал заместителем главы администрации Тюменской области и начальником областного управления сельского хозяйства. Возглавляет Тюменскую областную продовольственную корпорацию «Агроирод».[47]

◎ Пак Александр[48]

Пак Александр, художник и литератор произведения которого получили международное признание. Александр Пак родился в г. Ходжейли Каракалпакской АССР (Узбекистан). Окончив в 1970 г. среднюю школу, он поступил в Ленинградский институт советской торговли, посещал курсы рисования при Академии художеств им. И. Е. Репина. Перебравшись на Дальний Восток, стал посещать литературную студию при Сахалинской писательской

47) ГАОПОТО. Ф. 124, оп. 255, д. 93.

48) В Алтайском крае прошли Пановские чтения// [Электронный ресурс] URL: http://www.altairegion22.ru/gov/administration/stuct/culture/news/?ELEMENT_ID=433453 Дата обращения 11.12.2018 г.

организации и активно публиковался в местной и региональной периодике. В 1996 г. стал членом Союза писателей Киргизии, в этом же году состоялась его первая персональная выставка графики в Бишкеке (впоследствии он выставлял свои живописные работы в Барнауле, Новоалтайске, Славгороде, Гальбштадте и др.). Член Союза писателей России с 2001 г., живет в Славгороде Алтайского края. В январе 2010 г. в Славгородском краеведческом музее состоялась выставка его графических работ.[49] Творчество А. Пака отмечено краевой литературной премией, а его книга «Тень бабочки» признана победителем конкурса «Лучшая книга Алтая 2012 года». В 2013 г. Александр Пак награжден медалью Алтайского края «За заслуги перед обществом».[50]

◎ Пан Тимофей Дясенович[51]

Пан Тимофей Дясенович родился 24 февраля 1960 г. в одном из сел Ташкентской области Узбекской ССР. Высшее образование получил в Новосибирском строительном

---

49) Александр Карлин встретился с известным алтайским графиком и литератором Александром Паком. [Электронный ресурс] URL: http://www.altairegion22.ru/region_news/54850.html Дата обращения 11.12.2018 г.

50) Городенцева Е. «Иероглиф одиночества» Александра Пака// [Электронный ресурс] URL: http://brl.mk.ru/articles/2015/04/01/ieroglif-odinochestva-aleksandra-paka.html Дата обращения 11.12.2018 г.

51) Russian Koreans - Корейцы СНГ – 고려사람 [Электронный ресурс] URL: https://vk.com/wall-34822693_6188 Дата обращения 12.11.2018 г.

институте, работал инженером-конструктором проектного института. В ноябре 1985 г. стал милиционером роты патрульно-постовой службы отдела внутренних дел Калининского райисполкома г. Новосибирска.

Более 10 раз выезжал в Северо-Кавказский регион для выполнения служебно-боевых задач. При задержании вооруженных преступников получил два огнестрельных ранения. Награжден орденом «За личное мужество», медалями ордена «За заслуги перед Отечеством» 2 степени, «За отвагу», Жукова, «За особый вклад в развитие Кузбасса», Почетными грамотами администраций Самарской и кемеровской областей. Удостоен нагрудных знаков «Почетный сотрудник МВД», «Участник боевых действий», «За отличную службу в МВД».

Кандидат юридических наук. На Алтае получил почетное звание «Заслуженный юрист Российской Федерации» (29 марта 2004 г.) и звание генерал-майора милиции (23 февраля 2006 г.). Он автор 14 монографий и около 50 научных статей. Его разработки неоднократно использовались на всероссийских и международных научно-практических конференциях по проблемам борьбы с преступностью. Является действительным членом Международной академии наук, академиком Академии проблем безопасности, обороны и правопорядка. Общественными институтами награжден орденами Екатерины Великой, Петра Великого 2 степени и Святого князя Александра Невского 2 степени.

Весной 2014 г. заместитель начальника Главного управления Министерства внутренних дел Российской Федерации по Южному федеральному округу - начальник полиции генерал Т.Д. Пан указом Президента РФ В.В. Путина был отправлен в отставку.

◎ Пак Игорь Владимирович

Пак Игорь Владимирович родился в 1963 г. В 1986 г. окончил Алтайский государственный медицинский институт. С 1986 г и по настоящее время работает Врачом – рентгенологом в Горно-Алтайской областной – республиканской больнице. Первый врач  компьютерной томографии, которая им была проведена в 1996 г. Рентгенолог высшей категории. С 2011 г. Главный рентгенолог Республики Алтай.

В 2013 г. Игорю Владимировичу было присвоено звание «Отличник здравоохранения РФ».

Антарадонов Ю.В. вручает Паку И.В. знак «Отличник здравоохранения РФ» (2013)

◎ Пак Емельян Петрович

Пак Емельян Петрович Руководитель государственной архивной службы Республики Алтай. Родился 19 сентября 1945 г. в с. Северный Маяк Среднечирчикского района Ташкентской области Узбекской ССР. В 1961 г. Емельян Пак поступил Горно-Алтайский педагогический институт, который успешно окончил в 1965 г. С 1965 по 1969 гг.

работал учителем физкультуры областной национальной школы им. Абая Джетысайского района Сырдарьинской области. С 1965 по 1966 годы Емельян Петрович Пак проходил службу в рядах Советской Армии. С 1969 по 1973 гг. - инструктором, заведующим отделом комсомольских организаций Горно-Алтайского обкома ВЛКСМ. В 1973 г. Емельян Петрович утверждён в должности инструктора отдела пропаганды и агитации обкома КПСС. В общей сложности в областном комитете партии он проработал 15 лет.

В 1991 г. Е. Пак возглавил Комитет по делам архивов.

Емельян Петрович Кавалер ордена Дружбы, награжден медалью «За доблестный труд», является автором 32 публицистических статей. Является вице-президентом шахматной федерации Республики Алтай.

◎ Сан-Иковна Семыкина/Хан Роза Николаевна[52]

Сан-Иковна Семыкина/Хан Роза Николаевна родилась 17 июля 1958 г. в Узбекистане в многодетной семье – у нее три брата и три сестры. Ее отец, Николай Николаевич Хан (Хан Сан Ик), математик по специальности, окончивший Семипалатинский

---

52) Известные ученые. Семыкина Роза Сан-Иковна [Электронный ресурс] URL: https://famous-scientists.ru/11056 Дата обращения 11.12.2018 г.

педагогичесий институт - один из немногих знатоков родного языка, в том числе корейской письменности, владел и китайским. Николай Николаевич многие годы жил в Чирчике (Узбекистан), где был единственным носителем корейского языка и хранителем корейских национальных традиций но в середине 2000-х гг. не стало и его.

Роза Николаевна – филолог высокой квалификации, она окончила Уральский государственный университет, там же в аспирантуре специализировалась по творчеству Ф. Достоевского. Она нарушила неписаное правило многих корейских семей - вышла замуж за русского,

Иван Григорьевич Семыкин – журналист по профессии. Молодые супруги поехали по распределению в Душанбе, но после известных событий начала 1990-х гг. перебрались в Барнаул. Иван Григорьевич долгое время возглавлял управление общественных связей администрации Алтайского края, обеспечивая контакты между региональной властью и местным населением.

Роза Николаевна долгое время работала в Барнаульском государственном педагогическом университете, где создала факультет довузовского образования. Как исследователя ее интересует Ф.Достоевсекий, для своей докторской диссертации она избрала тему комического в творчестве этого неисчерпаемого писателя. В течение ряда лет она

р а б о т а л а
проректором по
научной работе и
международному
сотрудничеству
А л т а й с к о й
а к а д е м и и
экономики и
права, в силу

Иван Григорьевич Семыкин

объективных причин оказавшейся сегодня самым проблемным вузом региона, проходящим процедуру банкротства. В настоящее время проф. Семыкина возглавляет кафедру русского языка для иностранцев в Алтайском государственном медицинском университете.

◎ Сим Татьяна Реевна

Сим Татьяна Реевна заместитель председателя ОРО ООО «Общероссийское объединение корейцев» в г. Омске. Родилась 6 сентября. Преподаватель корейского языка в Корейском культурном центре «Окно в Корею» г. Омск.

◎ Старостенкова Наталья Александровна[53]

Старостенкова Наталья Александровна (Ок Хи) доцент кафедры экспериментальной физики Алтайского государственного технического университета (АлТГУ). Наталья Александровна – из семьи приморских корейцев, которая в конце 1920-х гг. перебралась из СССР в китайский город Харбин, а после второй мировой войны по приглашению многочисленной родни – в Пхеньян, вскоре ставший столицей молодого северокорейского государства - КНДР. Но из-за начавшейся вскоре войны между севером и югом Кореи (1950 – 1953 гг.) многие северяне были эвакуированы в Китай, и Ок Хи с родителями снова оказалась в Харбине. Здесь она окончила школу при советском консульстве, потом вернулась в КНДР, но сложности послевоенной политической и экономической жизни подтолкнули ее в 1958 г. к еще одному переезду, на этот раз в Алма-Ату, где также было немало родственников. В 1968 г. Наталья Александровна окончила Казахский государственный университет по специальности

53) Алтайский государственный технический университет им. И.И. Ползунова [Электронный ресурс] URL: https://www.altstu.ru/structure/chair/fiz/staff/1676/ Дата обращения 20.09.2019 г.

преподавателя физики. После окончания университета Наталья Александровна переехала в Томск, где в тот момент жила ее старшая сестра. В научной столице Сибири, работая в политехническом институте, она познакомилась со своим будущим мужем, ныне известным ученым-физиком М.Д. Старостенковым. Впоследствии Старостенковы избрали местом жизни и карьеры Барнаул, где и трудятся в Алтайском государственном техническом университете работает с 1996 г. Общий трудовой стаж свыше 50 лет. Научно-педагогический стаж более 43 лет, поэтому они и их уже давно взрослые дети с полным основанием входят в научно-образовательную элиту Российского Алтая.

◎ Тен Виктор Викторович[54]

Тен Виктор Викторович Окончил исторический факультет Уральского госуниверситета им. Горького (г. Свердловск). Работал старшим научным сотрудником Целиноградского областного историко-краеведческого музея (ныне г. Астана), главным редактором «Приокской газеты» (г. Калуга), в Российской национальной библиотеке (г.

---

54) https://viktorten.ru/

С-Петербург). Участвовал в археоло-гических и этнографических экспедициях на Урал, в Западную Сибирь, в Казахстан, на Беломорье. Автор книг и более 500 статей. Кандидат философских наук. С 2002 г. живет в С. Петербурге.

◎ Тен Пон Ен Борис Яковлевич[55]

Тен Пон Ен Борис Яковлевич - Президент национально-культурной автономии корейцев Новосибирской области. Предприниматель, руководителем ЗАО «Тегма», который принадлежит к первому поколению корейцев, родившихся в России.

Борис Яковлевич, родился я в 1952 г. на Сахалине в городе Красногорске. При рождении ему дали только корейское имя Тен Пон Ен.

По окончании школы, уехал сначала в Хабаровск, в техникум, после окончания которого направился в Новосибирск для поступления в НЭТИ. Женат с 1976 г., супруга кореянка зовут ее Ден Хи (Люба). Двое детей, сын еще учится в Корее, в аспирантуре, дочь закончила

---

55) Тен Пон Ен Борис Яковлевич – председатель национально-культурной автономии корейцев Новосибирской области [Электронный ресурс] URL: https://koryo-saram.ru/ten-pon-en-boris-yakovlevich-predsedatel-natsionalno-kulturnoj-avtonomii-korejtsev-novosibirskoj-oblasti/ Дата обращения 21.10.2018.

университет в Сеуле, вышла замуж за корейца, проживающего в Казахстане.

◎ Тен Юрий Васильевич[56]

Тен Юрий Васильевич родился 18 ноября 1950 г. в Краснооктябрьском сельском совете Ново-Чирчикского района Ташкентской области в семье служащих. На Сахалине был одним из немногих корейцев, окончивших русскую школу, решил получать высшее образование в Барнауле –  здесь он с отличием окончил педиатрический факультет Алтайского Государственного Медицинского института в 1974 г. после окончания, которого был направлен в аспирантуру 2-го Московского медицинского института им. Пирогова. По окончании аспирантуры Юрий Васильевич вернулся на Алтай, где трудится профессором кафедры детской хирургии АГМИ, а также заведует отделением детской хирургии краевой детской больницы. Награжден ЦК ВЛКСМ и Министерством высшего и среднего специального образования СССР значком «За отличную

---

56) Официальный сайт Алтайского края. Электронный источник: https://www.altairegion22.ru/authorities/spisok/ten-yurii-vasilevich/ Дата обращения 24.08.2018.

учебу» 23 марта 1974 г.

Юрий Васильевич доктор медицинских наук, профессор кафедры детской хирургии АГМУ. Работает в системе здравоохранения Алтайского края с 1974 г. По специальности детский хирург и детский уролог - андролог. С 1987 г. руководит отделением детской хирургии Алтайской краевой клинической детской больницы (с 2005 г. - Алтайский краевой Центр детской хирургии), главный детский хирург Алтайского края.

С 1991 г. Юрий Васильевич член Ассоциации детских хирургов России. С 2010 г. является членом проблемной комиссии по хирургии новорожденных Российской Федерации. С 2012 г. - член организационного комитета всероссийского конгресса инновационных технологий в педиатрии и детской хирургии. Заведующий кафедрой детской хирургии АГМУ с 2012 г.

В 2002 г. защитил докторскую диссертацию по теме: «Реконструктивно-пластические операции при атрезии пищевода у детей». Автор более 250 научных работ, методических руководств, патентов на изобретения, ведет занятия, читает лекции студентам медицинского университета и слушателям факультета усовершенствования врачей.

Дважды удостоен премии Алтайского края в области науки и техники: в 2000 г. за работу «Вопросы криогенного лечения в детской хирургии», в 2007 г. за работу «Реконструктивно-пластическая хирургия при атрезии пищевода у новорожденных». В 2003 г. награжден Почетной грамотой Министерства здравоохранения и социального развития Российской Федерации, в 2005 г. - нагрудным знаком «Отличник здравоохранения». В 2011 г. получил почетное звание «Заслуженный врач Российской Федерации», а в 2013 г. - медаль «За заслуги в труде».

Юрий Васильевич разрабатывает и внедряет новые, более эффективные методы диагностики и лечения больных, многие их которых являются авторскими, защищенными патентами.

Тен Ю.В. создал Центр хирургии новорожденных на базе трех неонатологических и хирургических отделений, сформировал специализированные неонатологические и хирургические бригады, профилированы детские хирургические отделения края.

Юрий Васильевич – автор более 150 научных трудов, он фактический создатель научно-практической школы хирургии новорожденных на Алтае.

Награжден медалью «За службу в УФСКН России».

◎ Тхай Валерий Дмитриевич

Тхай Валерий Дмитриевич родился 12 ноября 1942 г. в Узбекистане. Заведующий кафедрой, профессор, доктор

химических наук, член-корреспондент Академии ЭИН, почетный работник высшего профессионального образования РФ, ветеран труда.

В 1964 г. Валерий Дмитриевич окончил металлургический факультет Уральского политехнического института (УПИ-УГТУ) по специальности «Физико-химические исследования металлургических процессов». По окончании института работал на Ключевском заводе ферросплавов (п. Двуреченск, Свердловская область) помощником мастера, затем мастером и начальником смены цеха №2.

В 1971 г. он окончил аспирантуру Института электрохимии Ура́льское отделе́ние Росси́йской акаде́мии нау́к СССР и в том же году защитил кандидатскую диссертацию.

С 1972 г по 2001 г. Валерий Дмитриевич работал в Сибирском государственном индустриальном университете (г. Новокузнецк, Кемеровская область) старшим преподавателем, доцентом, заведующим кафедрой общей и аналитической химии. В 1999 г. защитил докторскую диссертацию на тему «Электрохимическое поведение и защита от коррозии тугоплавких металлов в расплавах галогенидов щелочноземельных металлов и магния». В 2000 г. Валерию Дмитриевичу было присвоено ученое звание профессора.

С 2001 г. работает профессором кафедры общей химии Уральского государственного медицинского университета (УГМУ) — единственное высшее учебное заведение в Свердловской области, которое готовит врачей и фармацевтов с высшим образованием. С 2006 г. по настоящее время заведует кафедрой химии фармацевтического факультета.

Валерием Дмитриевичем опубликовано более 80 научных и методических работ, имеется 1 авторское свидетельство на изобретение, учебное пособие «Общая химия», рекомендованное Министерством высшего и среднего специального образования РФ в качестве учебного пособия для нехимических специальностей ВУЗов.

◎ Тхай Станислав Валерьевич

Тхай Станислав Валерьевич родился 29 мая 1966 г., в пос. Двуреченск Сысертского района Свердловской области. В 1988 г. окончил Уральский политехнический институт им. С. М. Кирова. С 1988 по 1990 г. работал в должности младшего научного сотрудника лаборатории

новых сталеплавильных процессов Восточного филиала Института черной металлургии в г. Новокузнецке. В 1990 г. создал и возглавил Новокузнецкое отделение туристско-экскурсионного агентства «Малахит» Советского фонда культуры. С 1991 г. стал соучредителем и членом правления Строительного Предприятия «Ист-Лайн», ставшего одним из крупнейших авиапредприятий РФ. С 1992 г. работал заместителем руководителя Представительства рабочего центра экономических реформ при Правительстве РФ по Свердловской и Тюменской области С 1996 г. руководил Урало-Поволжским региональным центром Государственного комитета РФ по делам Федерации.

В 1997-2010 гг. был соучредителем и генеральным директором ООО «Уральский электронный завод» и ООО «Компания «Mirex». В 2006 г. окончил Государственный университет – Высшую школу экономики (Executive MBA). В марте 2010 г. был назначен генеральным директором Федерального государственного бюджетного учреждения «Российский медицинский научно-производственный центр «Росплазма» Федерального медико-биологического агентства».

В 2011 г. закончил Уральскую государственную медицинскую академию по специальности: фармация. Станислав Валерьевич с августа 2012 г. назначен исполняющем обязанности директора по совместительству Федерального государственного бюджетного учреждения здравоохранения «Центр крови Федерального медико-биологического агентства» (ФГБУЗ Центр крови ФМБА России). С 2008 г. Станислав Валерьевич был Почётным консулом Республики Корея в г. Екатеринбурге. В 2003 г. он был избран председателем правления «Национально-культурной автономии Российских корейцев» в г. Екатеринбурге. В 2013 г. - председателем Регионального отделения Общероссийской общественной организации «Общероссийское объединение корейцев» в Свердловской обл.

Станислав Валерьевич Тхай прилагал значительные усилия как в пропаганду и развитие национальной культуры российских корейцев, так и в дальнейшее укрепление российско-корейского межрегионального и межмуниципального сотрудничества. Уделял много внимания сохранению национальной самобытности и организации культурно-просветительной деятельности российских корейцев.

При активном участии Станислава Валерьевича был подписан Протокол об установлении дружественных отношений и сотрудничестве в торгово-экономической, научно-технической и культурной сферах между Свердловской областью и провинцией Кёнги-до (Республика Корея). Подготовлены и ратифицированы соглашения о сотрудничестве между городами Екатеринбург и Соннам. О побратимских отношениях и развитии экономических, культурных и иных связей между муниципалитетами городов Екатеринбург и Инчон. Также утверждён Протокол о намерениях развития отношений между городами Екатеринбург и Поханг, предусматривающие в качестве приоритетных направлений взаимодействия углублённое межмуниципальное сотрудничество.

По инициативе Станислава Валерьевича Тхая созданы, успешно функционируют корейский детско-юношеский национальный фольклорный ансамбль, школа национального танца и исполнительского мастерства, спортивные секции восточных корейских единоборств, корейский факультатив, для которого на высоком техническом уровне обеспечена и оснащением всем необходимым аудитория для изучения иностранных языков.

Существенный вклад С. В. Тхай внес в подготовку целого ряда юбилейных и торжественных мероприятий, посвящённых празднованию 140- и 150-летия добровольного переселения корейцев в Россию, провел значительную работу по публикации книг, брошюр, статей и докладов, посвященных российской корейской культуры, как важного составного элемента многонациональной культуры народов России. Оказывал активную помощь, включая финансовую на многие гуманитарные, культурно-просветительные проекты российских корейцев.

За большой вклад в сохранение культуры российских корейцев, деятельность, направленную на гармонизацию межнациональных отношений в Свердловской области и в стране Тхай С.В. награжден Почетной грамотой Министерства регионального развития Российской Федерации, имеет различные поощрения и награды от органов власти и общественных организаций благодарность Губернатора Свердловской области.

Станислава Валерьевича Тхая скончался 4 сентября 2017 г. в возрасте 51 года.

◎ Хан Александр Евгеньевич

Хан Александр Евгеньевич – филолог, лингвист, поэт, писатель. Родился 8 сентября 1962 г. в Казахстане, где до переезда на обучение в Россию жили родители, а с двухмесячного возраста постоянно живет в г. Свердловске (Екатеринбурге), считает его родным городом.

В 1979 г. успешно окончил математический класс школы № 5 г. Свердловска и поступил на филологический факультет УрГУ, где был активным участником факультетской газеты «Словарь», автором стихов и прозы.

С 1984 г. активно пишет в разных жанрах, с конца 80-х -

участник выставок художников-авангардистов.

В 2012 г. состоялась персональная выставка картин «Другие берега» в галерее «Урал-постер».

В 2013 г. состоялись три персональных выставки графики в галерее Льва Хабарова.

В 2014-2015 гг. являлся номинантом Открытого Всероссийского Биеннале-Фестиваля графики «Урал-Графо» в номинации «Редкие и смешанные техники».

Работа в школе учителем русского языка и литературы создает предпосылки для самореализации в рисовании. В начале 90-х гг. XX в. Александр стал бизнесменом - занимался издательским бизнесом, затем пробовал себя в разных областях предпринимательской деятельности. Почти 20 лет Александр не творил, но в 2009 г. А. Хан снова взялся за кисть и перо. Результат – стихи, роман, картины, написанные маслом, огромный цикл графических работ. В мае 2012 г. с успехом проходит его выставка «Другие берега» в галерее «Урал-постер». В мае 2016 г. Александр Хан стал Депутатом Екатеринбургской городской Думы.

◎ Хан Виктор Иргонович

Хан Виктор Иргонович носитель титула «снежный барс»,[57] единственный в области чемпион Военно-

---

[57] Снежный барс — народный титул, присуждаемый альпинистам с 1961 г.а. Во всей России таких людей около 600. Барсом в СССР стать было

воздушных сил СССР, профессор Российской академии естествознания и глава и основатель Омской федерации альпинизма, родился 25 декабря 1940 г. в Карагандинской степи, на маленькой станции, после 10 класса отправился в Новосибирск поступать в  Новосибирский электротехнический институт (НЭТИ), по окончании которого был распределён в Омск, где работал младшим научным сотрудником в конструкторско-технологическом институте.

В 1983 г. Виктор Хан основал Омскую федерацию альпинизма, ставшей частью Российской.

Являлся членом профсоюзного комитета в НИКТИ. Награждён медалью ВДНХ, почётными грамотами ЦК ВЛКСМ, Миннефтехимпрома, области, города. Им внедрено более 50 разработок по оборудованию, средствам измерения и автоматизированным системам управления технологическими процессами шинного производства. Получено 18 авторских свидетельств на изобретения, имеются публикации в научных журналах и автореферат по АСУТП.

Виктор Хан попал в финал национальной премии

непросто — надо было постоять на всех семитысячниках страны

«Хрустальный компас» со своим проектом, посвященным истории омского спортивного туризма. Виктор Хан на соискание премии представил книгу «Мы сами себе выбирали маршруты». 700-страничное издание посвящено развитию спортивного туризма в Омской области с конца 60-х гг. XX в. и до наших дней. Советов по выживанию в экстремальных ситуациях в книге нет - туда попали истории восхождений на горные вершины, сплавов по опасным рекам и лыжных походов по просторам бывшего СССР.[58]

◎ Хан Валерий Владимирович

Хан Валерий Владимирович военком Верх-Исетского района, полковник запаса в отставке. В течение многих лет один из районных военных комиссариатов города Свердловска (позже - Екатеринбурга). В настоящее время возглавляет Исетскую общественную организацию инвалидов войны Афганистана. Около 3-х лет отдал Афгану В. Хан, сначала военный советник командира

---

[58] Председатель Омской федерации альпинизма — о взаимовыручке в горах, о подвиге спортсменов на строительстве ГЭС и новых именах для пиков [Электронный ресурс] URL: http://omsk.rusplt.ru/index/ predsedatel_federacii_alpinizma_v_omske_o_sporte_i_chuvstve_ loktja-21004.html Дата обращения 24.10.2017.

стрелкового полка Годо-Казры, а с 1984 г. - старший военный советник командира стрелковой дивизии, полковника Гулям-Хазрата. 250 боевых операций, разработанных «шурави Ханом», который принимал и непосредственное участие в осуществлении каждой из них, нашли достойную оценку. На зональном совещании военных советников Союза в Кабуле, в августе 1984 г., Валерий Владимирович получил сразу три награды: орден Красной Звезды, орден Красного Знамени Демократической Республики Афганистана и медаль «За охрану государственной границы».

◎ Хван Николай Бен-Хирович[59]

Хван Николай Бен-Хирович родился 10 ноября 1955 г. Окончил Новосибирский институт инженеров железнодорожного транспорта, инженер путей сообщений по специальности строитель тоннелей и метрополитена. Имеет учёную степень и звание: Доктор транспорта

Академии транспорта Российской Федерации. Награжден орденом Почетный строитель Российской Федерации

До 2010 г. возглавлял МУП «Управление заказчика по

---

59) Хван Николай [Электронный ресурс] URL: https://nsk.dk.ru/wiki/khvan-nikolay Дата обращения 22.10.2017.

строительству подземных транспортных сооружений». Входил в состав комитета по транспортной, промышленной и информационной политике.

В 2011 г. прошел в Законодательное собрание по списку «Единой России», представляя интересы избирателей округа № 2, объединяющего Татарский, Чистоозерный и Усть-Таркский районы.

В 2014 г. стал заместителем начальником метрополитена. С марта 2015 г. Николай Хван написал заявление о сложении полномочий в связи с переездом на новое место жительства в Москву.[60] До 2015 г. депутат Новосибирского областного Совета депутатов от фракции «Единая Россия».

◎ Цой Валерий Константинович

Цой Валерий Константинович заместитель губернатора Кемеровской области по вопросам социальной политики.

Родился 21 апреля 1969 г. в городе Талды-Курган Казахской ССР; окончил Кемеровский государственный медицинский институт в 1995 г. по

---

60) Уголовное дело Николая Хвана Передано в Ск. Рф. По Сибирскому Федеральному Округу [Электронный ресурс] URL: http://www.arirang.ru/news/2011/11058.htm Дата обращения 22.10.2017.

специальности «педиатрия», затем в 1996 г. окончил интернатуру по специальности «детская хирургия», а с 1997-1998 гг. работал детским врачом хирургом в детской городской клинической больнице № 5 г. Кемерово.

В 2009 г. заочно закончил Кемеровский государственный университет, экономический факультет по специальности «экономика и управление на предприятии» и работал главным специалистом группы технадзора департамента охраны здоровья населения Кемеровской области. С августа по декабрь 2009 г. был в должности начальника ресурсного отдела департамента охраны здоровья населения Кемеровской области. С декабря 2009 г. по май 2015 г. являлся начальником департамента охраны здоровья населения Кемеровской области.

С мая 2015 г. назначен заместителем губернатора Кемеровской области по вопросам социальной политики.

◎ Цой Галина Дмитриевна

Цой Галина Дмитриевна является учредителем компании ООО «Автотранс сервис», г. Нижневартовск, Ханты-Мансийский Автономный округ - Югра АО.

◎ Цой Галина Анатольевна

Цой Галина Анатольевна – старший преподаватель

кафедры инженерного предпринимательства Института социально-гуманитарных технологий Томского политехнического университета.

В 1995 г. окончила факультет автоматики и электроэнергетики (АЭЭФ) Томского политехнического университета по специальности «Электроэнергетические системы и сети». В 1995 - 2000 гг. - старший лаборант кафедры Начертательной геометрии и графики (АЭЭФ) ТПУ. В 2000 - 2004 гг. – специалист Русско-Американского центра ТПУ. С 2004 г. – старший преподаватель кафедры международного менеджмента ТПУ. С 2009 г. - заместитель начальника центра международной сертификации технического образования и инженерной профессии. В настоящее время - старший преподаватель кафедры инженерного предпринимательства ИСГТ ТПУ.

◎ Цой Евгений Борисович[61]

Цой Евгений Борисович доктор технических наук, профессор, проректор по международным связям Новосибирского государственного технического университета Цой Евгений Борисович (Бон Кёнджу), родился в г. Новокузнецке 27 марта 1950 г.

С 1972-1974 гг. работал ассистентом кафедры

---

61) Цой Евгений Борисович (1931 г.р.) [Электронный ресурс] URL:http://www.nstu.ru/info/rectorate/coj Дата обращения 2.09.2017 автоматизированной обработки экономической информации НГТУ. С 1974-1980 гг. был старшим преподавателем, а с 1980-1995 гг. – доцентом кафедры прикладной математики НГТУ. По совместительству с 1988 - 1990 гг. в должности декана руководил  факультетом цикловой подготовки межотраслевого регионального центра повышения квалификации, НГТУ. С 1989 по 1992 гг. работал заместителем проректора по научной работе НГТУ, проректор по международным связям, профессор Новосибирского Государственного Технического Университета (НГТУ). С 1994 по 1996 гг. являлся генеральным директором совместного российско-китайского предприятия «Хантен», г. Новосибирск. С 1995 г. по настоящее время является профессором кафедры прикладной математики НГТУ.

С 1998 по 2000 гг. проработал заведующий кафедрой международных отношений, факультет гуманитарного образования НГТУ, где проделал большую работу по установлению международных учебных, научных и экономических связей между НГТУ и зарубежными университетами и коммерческими компаниями.

Руководил открытием в НГТУ новых специальностей по

следующим направлениям: социально-культурный сервис и туризм, международные отношения и регионоведение.

Опубликовал более чем 100 научных статей и учебно-методических забот, включая 8 монографий, 5 учебных пособий в Новосибирске, Москве, Санкт-Петербурге, Хемнице (Германия). Член Ученого совета НГТУ и Специализированных ученых советов в НГТУ, Омском государственном техническом университете.

4 августа 2019 г. Евгений Борисович Цой скончался.

◎ Цой Илларион Максимович

Цой Илларион Максимович руководитель (генеральный директор) общество с ограниченной ответственностью «Пальмира». Лучший овощевод Бурятии, работает вместе с семьёй в Иволгинском районе, выращивает всевозможные овощи и поставляет их на рынок республики.

Родился Цой И.М. в Сырдарьинской области в Узбекистане. После окончания школы попал в Сибирь, в Бурятию благодаря своей сестре. Полина Максимовна после обучения в Орехово-Зуевском пединституте получила направление в село Кырен Тункинского района, стала преподавать и затем вышла замуж. Следом за ней посмотреть на Бурятию поехал и Илларион Цой. В Улан-Удэ он поступил на спортивный факультет Бурятского государственного педагогического института (БГПИ). Ему легко удалось поступить, так как он был обладателем первого разряда по боксу, и имел победы на соревнованиях разного уровня.

После вуза по направлению уехал в село Цакир Закаменского района, работал в школе-интернате, но из педагога и спортсмена он переквалифицировался в сельского работника. На какое-то время, по семейным обстоятельствам, он вернулся в Узбекистан, но не смог остаться там, так как его сыну не подходил климат. Вернувшись из Узбекистана в Бурятию он стал выращивать арбузы в совхозе. В 1987 г. его направили в ОПХ «Иволгинское», потом совхоз «Заветы Ильича», где он стал бригадиром овощеводческой бригады.

После распада СССР, работники совхоза получили по 55 га земли, объединились в ассоциацию крестьянских (фермерских) хозяйств «Газар» под руководством Иллариона Максимовича.

У Иллариона Цоя и Ольги Юшко множество грамот за успехи в сельском хозяйстве, однако, одной из самых ценных среди них является благодарность за другие достижения. За сохранение и приумножение лучших семейных традиций, воспитание детей. В этой семье главное богатство – это шестеро детей и восемь внуков.

◎ Цхай Александр Андреевич

Цхай Александр Андреевич родился 19 июля 1956 г. в Барнауле. Выпускник Алтайского госуниверситета 1979 года, кандидат физико-математических наук (1987 г.), доктор технических наук (1996 г.), профессор (1997 г.).[62]

Трудовую деятельность начал ассистентом кафедры математического анализа АлтГУ. Работал младшим научным сотрудником Алтайского политехнического института им. И.И. Ползунова. С организацией в 1987 г. Института водных и экологических проблем Сибирского отделения Академии наук СССР был приглашен туда и восемь лет работал научным сотрудником, ученым секретарем института и старшим научным сотрудником.

После защиты докторской диссертации продолжил научно-педагогическую деятельность в Алтайском государственном техническом университете им. И.И. Ползунова, где создал и в течение одиннадцати лет руководил работой международной кафедры ЮНЕСКО

---

[62] Цхай Александр Андреевич [Электронный ресурс] URL: https://www.altairegion22.ru/authorities/spisok/zhai/ Дата обращения 2.09.2017

«Экологическое образование в Сибири», основанной первой в России за пределами Москвы и Санкт-Петербурга.

С 2006 г. в течение девяти лет руководил кафедрой математики и информатики Алтайской академии экономики и права, где открыл и осуществил набор (в том числе бюджетный) на пять новых основных образовательных программ бакалавриата, магистратуры и аспирантуры в области информационных технологий.

В настоящее время продолжает работу в АлтГТУ в качестве профессора кафедры высшей математики и математического моделирования. Ведет активную общественную деятельность в качестве члена Общественного совета при управлении информационных технологий и связи Алтайского края (с 2017 г. управлении связи и массовых коммуникаций Алтайского края)

В область научных интересов Александра Цхая входят математическое моделирование и информационные технологии региональных систем мониторинга и управления экологическими и социально-экономическими процессами. Он руководит рядом проектов регулярных программ ЮНЕСКО, Комиссии Европейских сообществ, РФФИ, Министерства образования и науки РФ, Министерства природных ресурсов РФ, а также краевых научно-технических программ, реализованных на территории региона. Александр Цхай – член Национального комитета

Российской Федерации по Международной гидрологической программе ЮНЕСКО.

Профессор Александр Цхай создал научную школу по информационным технологиям в региональном мониторинге и управлении. Под его научным руководством защищено семь кандидатских диссертаций.

Он опубликовал более 270 научных работ, в т.ч. более двадцати, индексированных в международных наукометрических базах данных Scopus и Web of Science.

Профессор Александр Цхай – соредактор международного научного журнала «Hydrologic Environment», член редколлегии научного журнала «Алтайский вестник Финуниверситета».

Александр Цхай – заслуженный работник высшей школы Российской Федерации, отмечен знаком «Почетный работник высшего профессионального образования Российской Федерации», лауреат премии Алтайского края в области науки и техники.

Первым из российских исследователей профессор Цхай стал лауреатом премии Тайсона Международной ассоциации гидрологических наук, созданной в 1922 г. и объединяющей более шести тысяч специалистов из почти двухсот стран мира.

◎ Шегай Светлана Александровна

Шегай Светлана Александровна, предприниматель, руководитель Некоммерческого партнерства «Корейская диаспора «АРИРАН» г. Челябинск. Родилась 10 февраля 1955 г. В 1972 г. окончила среднюю школу им. И.А. Крылова № 19 в Узбекистане. В 1976 г. поступила и успешно окончила в 1980 г. Педагогический колледж Джетысай (Путь к коммунизму) в Казахстане. В 1993 г. вместе с семьей переехала в Челябинск из Ташкента. В сложные 90-е гг. XX в. работала в кафе, торговала вещами, а в 2003 г., вместе с семьей занялась корейскими салатами, чем занимается до сих пор. У Светланы Александровны две дочери и три внука. Южный Урал стал второй Родиной, где как и в Узбекистане они сохраняют свои традиции.

3. Молодые, Активные, Успешные

◎ Ким Ольга Владимировна (Ким Югён)[63]

Родилась 23 августа 1982 г. в г. Тюмень. Член Тюменской областной общественной организации корейцев «Единство» Преподаватель корейского языка в Тюмени. Устный переводчик с корейского с 2003г. Обучение в университете имени Ким Ир Сена, г. Пхеньян, специальность корейская филология Основатель Школы «Кими» и старший учитель корейского языка. Квалифицированный специалист, устный и письменный переводчик с корейского (стаж более 10 лет), автор самоучителя по корейскому языку для начинающих «7 дверей».[64]

Школы «Кими» была открыта в 2010 г. при поддержке Тюменской Общественной Организации Корейцев «Единство», здесь обучаются десятки учеников. Школа принимает активное участие в ежегодных мероприятиях

63) Личные страницы [Электронный ресурс] Режим доступа https://vk.com/sgushchionka; https://vk.com/kimifree https://vk.com/nabor_tyumen Дата обращения 12.07.2019

64) Корейский язык в Тюмени Школа «КИМИ» [Электронный ресурс] Режим доступа http://kimi-school.ru Дата обращения 12.07.2019

городского и областного масштаба, проводит маленькие встречи для корейцев.

Несмотря на активную деятельность как члена Тюменской областной общественной организации корейцев «Единство», Ольга мама 3-х девочек и 2-х мальчиков.

◎ Ким Илья Аркадьевич

Ким Илья Аркадьевич директор департамент жилищно-коммунального комплекса и энергетики Ханты-Мансийского автономного округа – Югры.

Ранее Илья Аркадьевич занимал пост первого заместителя исполнительного директора АНО «Центр развития ЖКК и энергосбережения Югры».

Илья Аркадьевич окончил Сибирскую автомобильно-дорожную академию по специальности «Городское строительство и хозяйство». После окончания вуза он рабоал в Ханты-Мансийском окружном центре по гидрометеорологии и мониторингу окружающей среды.

В 2017 г. прошел обучение в РАНХиГС, является членом государственной экзаменационной комиссии Югорского государственного университета (кафедра энергетики), секретарем Межотраслевого совета потребителей по вопросам деятельности субъектов естественных монополий при губернаторе Ханты-Мансийского автономного округа - Югры.

◎ Ким Илья Эдуардович[65]

родился 7 марта 1994 г. Илья Ким выпускник Югорского государственного университете, живет и работает в г. Ханты-Мансийске, представлял Россию на Международном арктическом студенческом форуме в Норвегии.

С 25 по 29 января 2016 г. в городе Тромсе (Норвегия) в рамках проведения ежегодной международной конференции «Арктические рубежи – 2016» состоялся Международный арктический студенческий форум, в работе которого приняли участие студенты из России, Норвегии, Канады, Швеции, Финляндии, Великобритании и США. Одним из десяти российских участников стал студент Гуманитарного института Югорского государственного университета Илья Ким – победитель конкурса, проведенного Русским географическим обществом совместно с норвежской

---

65) https://www.facebook.com/people/Ilya-Kim/100006459134507

исследовательской компанией «Акваплан Нива».

Илья выступил на форуме с докладом «Психофункциональное состояние у вахтовых работников Арктики».

– В исследовании приняли участие 38 молодых мужчин – 20-35 лет, работающих в режиме 30 на 30 в Приозерном, расположенном в арктической зоне на территории лесо-тундры. Рабочие отвечали на вопросы во время отдыха в местах своего проживания.

Кроме представления индивидуальной презентации, Илья поработал в интернациональной команде с ребятами из ведущих западных вузов и аспирантами Арктического университета Тромсе, стал полноправным участником заседаний научной секции «Арктических рубежей», а также побывал в роли «непредвзятого жюри», оценивая работы своих коллег, представленные на постерной сессии.[66]

◎ Тен Эдуард Игоревич

родился 17 декабря 1985 г в городе Ташкент. В 7 лет, как все дети, пошел в 1 класс СШ №31 в городе Ташкент, доучившись там до 9 класса, после переехал в город Екатеринбург. Школу закончил в городе Екатеринбурге, затем поступил в Уральскую государственную юридическую академию (УрГЮА). Стихи начал писать еще в школе, на написание первых строк меня вдохновила, как наверно и многих, первая любовь, а точнее влюбленность, которую я в силу юного возраста считал любовью. Творческие процессы вообще привлекали меня с детства, так как я был окружен творческими личностями. Всегда любил и люблю музыку, особенно джаз, для меня эта музыка была волшебной, и я часто находил в ней свое вдохновение. Для души в свободное время занимаюсь фотографией. Люблю прогулки по теплому городу, люблю наблюдать за тем, что

---

66) https://www.ugrasu.ru/news/detail.php?ID=12361&IBLOCK_ID=1&sphrase_id=127812

происходит вокруг. Такая атмосфера всегда дарит мне много ярких эмоций и помогает писать новые строки.

◎ Тен Константин Юрьевич[67]

родился, живет и работает в г. Барнаул. Пошел по стопам своего знаменитого отца Юрия Тен, выдающегося детского хирурга. Закончил Алтайский государственный медицинский университет в 2002 г., и уже 17 лет работает детским хирургом-эндоскопистом высшей категории и выполняет операции наивысшей сложности по младенческим патологиям.

◎ Фан Полина

родилась 10 февраля 1994 г., проживает в г. Екатеренбуге, является руководителем и участницей - фольклорная группа «Онлирия» при корейской воскресной школе. Выпускница Уральского технического института

---

67) Личная страница https://vk.com/id251184168

связи и информатики (филиал) СИБГУТИ (УРТИСИ СИБГУТИ)

◎ Хан Владимир Петрович[68]

родился 22 апреля 1970 г. в городе Усть-Каменогорск Казахской ССР. В 1993 г. окончил Томский политехнический университет по специальности «Инженер-электромеханик». С 1995 по 1998 г. работал на разных должностях в банковской сфере. С 1998 по 2002 г. стал одним из руководителей ООО «Томск СВ». С 2002 по 2010 г. работал в управляющей компании «Жилище» (самая крупная из организаций, обслуживающих жилищный фонд Советского района Томска), сначала занимал должность заместителя директора по производству, затем – генерального директора. С 2007 года – директор строительной компании «Проект КА», с 2010 г. – руководитель ООО «Дорожные технологии». В 2011 г. был избран по областному списку Либерально-демократической партии России в Законодательную думу Томской области

---

68) Биография Владимира Хана [Электронный ресурс] URL: https://www.riatomsk.ru/amp/20161116/biografiya-vladimira-hana Дата обращения 02.08.2020

пятого созыва. В региональном парламенте он возглавлял постоянную комиссию по вопросам жилищно-коммунального хозяйства. В 2013 г. перешел на работу в мэрию Томска Владимир Хан был назначен заместителем мэра по городскому хозяйству 16 ноября 2013 г. 16 ноября 2016 г. ушел с этой должности по собственному желанию в связи с личными обстоятельствами. Владимир Хан, сказал, что хочет больше проводить времени с семьей, иметь возможность отдыхать от работы. Женат, воспитывает двоих детей.

◎ Хон Владислав Сынхонович

родился 9 января 1992 г. Руководитель отдела BIM-моделирования ООО «Проектное бюро P1» закончил в 2015 г. Новосибирский государственный архитектурно-строительный университет (Сибстрин) магистр информационного моделирования  зданий. В 2018 г. закончил аспирантуру Новосибирской государственной архитектурно-художественной академии. С 2012 по 2016 гг. – работал архитектором в строительных и проектных компаниях Новосибирска. С 2016 г. по настоящее время работает в ООО «Проектное бюро P1» руководителем отдела инноваций и качества. Отвечает за применение критериев оценки качества процессов проектирования всех разрабатываемых проектов.

◎ Цой Иннокентий Эдуардович

родился 24 мая 1983 г. в г. Екатеринбург. Директор филиала ПАО «МТС» в Курганской области. Окончил Кыргызско-Российский Славянский университет Экономический факультет, по специальности Менеджмент.

◎ Цой Виталий Анатолиевич

10 сентября 1978 г. Президент Общественной организации «Национально-культурная автономия корейцев Новосибирской области». Окончил Новосибирский государственный архитектурно-строительный университет (Сибстрин).

◎ Сорокина (Цхай) Ирина Викторовна

поэтесса-сказочница. Ирина Викторовна родилась 05 февраля 1970 г. в Барнауле. Училась в школе № 25. Затем окончила факультет биологии Алтайского государственного университета по специальности биолог-исследователь, преподаватель биологии и химии. Сейчас является магистрантом  Алтайского государственного педагогического университета по специальности культурология.

Ирина пишет стихи с 18 лет, с рождением сына начала писать сказки. Сказки ей удаются больше всего, и это неудивительно, ведь корейцы считаются мастерами сказочного жанра.

В 1999 г. стала лауреатом первого Всероссийского конкурса детских литераторов под председательством Эдуарда Успенского. В 2013 г. - полуфиналистом престижной российской премии «Новая детская книга», 2014 г. - финалистом третьего Международного конкурса «Сказка сегодня», который проходил в Германии. Ирина дважды становилась победителем краевого издательского конкурса и конкурса «Лучшая книга Алтая» в 2009 и 2015 гг. В мае 2015 г. состоялся творческий вечер Ирины Цхай в Москве. На вечере она представила книгу сказок «Поющая Радуга», стихи и юмористические рассказы для детей, а также стихи и прозу для взрослых читателй.[69] Сказки Ирины Цхай включены в программу начальных классов школ Алтайского края и выпущены в аудиоформате для Алтайской краевой специальной библиотеки незрячих и слабовидящих, они также используются в психотерапии. Сказка «Гордая Слива» переведена на корейский язык.

В июне 2015 г. на XXII региональном литературном празднике «Пановские чтения» стала членом Союза писателей России.[70]

◎ Юн Дмитрий Дя-Гирович[71]

родился 16 октября 1993 г. в г. Газалкент Республики Узбекистан. Боксер, мастер спорта, четырехкратный победитель первенства России по боксу среди юношей и юниоров 2007-2010 гг, призер первенства Европы, финалист первенства мира среди

---

69) Творческий вечер писательницы Ирины Цхай// http://домискусств24. рф/news/tvorcheskiy_vecher_pisatelnitsy_iriny_tskhay/?clear_cache=Y

70) В Алтайском крае прошли Пановские чтения// http://www.altairegion22. ru/gov/administration/stuct/culture/news/?ELEMENT_ID=433453

71) https://www.instagram.com/yun__dmitry/

студентов в 2012 г.,. победитель летней спартакиады учащихся России, Кубка страны, серебряный призер чемпионата мира среди студентов. чемпион Урала по боксу. Дважды признавался лучшим молодым боксером России. Его наставниками были заслуженные тренеры России Александр Орлов и Владимир Рощенко.

Дмитрий Юн с отцом.

Боксом занимается с раннего детства, куда привел его отец, мастер спорта по боксу. Дмитрий закончил торгово-экономический факультет Института экономики, торговли и технологий ЮУрГУ в Екатеринбурге и собирался стать менеджером в сфере спорта, но стал профессиональным спортсменом.

В 2006 и 2009 гг. Федерацией бокса России Дмитрий был признан лучшим в своей возрастной категории. В 2010 г. стал победителем первенства России и в первенстве Европы. В 2014 г. получил первое место на Чемпионате Челябинской области по боксу среди студентов и т.п.

04 июля 2019 г. Дмитрий успешно дебютировал на большом вечере профессионального бокса, который состоялся в городе Темекула (Калифорния, США),

20 августа 2019 г. Дмитрий выиграл свой второй поединок на профессиональном ринге в Америке. Соперником был американец Хавьер Мартинес, который старше южноуральца на 11 лет.

◎ Ян Дмитрий Виссарионович

предприниматель в строительной сфере, развивает свою компанию и успевает заниматься общественной деятельностью. Кроме того, он принимает немаловажное участие в жизни нашей диаспоры.

Родился я в 1977 г. в городе

Джамбул Республики Казахстан. Мама русская, отец кореец родом из Казахстана. Родители отца переехали из Северной Кореи в Россию и до репрессий 1937 г. жили на Дальнем Востоке.

В Челябинск Дмитрий вместе с семьей (родители, жена и дети) переехал в 1999 г. Дмитрий закончил Таразский государственный университет в 1999 г. по специальности «Экономика легкой пищевой промышленности».

В настоящее время бизнесмен занимается строительным бизнесом, управляет заводом металлоконструкций. Компания ООО «УралСтройИнвест» работает уже пять лет. Дмитрий Ян является председателем Челябинского регионального отделения общероссийской общественной организации «Центр противодействия коррупции в органах государственной власти».

Организация Дмитрия является спонсором Некоммерческого партнерства «Корейская диаспора «АРИРАН», участвует в круглых столах, посвященных малым народностям, которые организует Администрация города Челябинска. проводит вечера корейской культуры для молодежи.

В 2018 г. Дмитрий представлял диаспору Челябинской области в Москве на съезде корейских диаспор России, посвященный 80-летию репрессий 37-го года. Участвовал в круглом столе, познакомился с председателями корейской диаспоры из других регионов, по возвращении, провел встречу с челябинскими корейцами.

Заключение

Изучение жизни и деятельности представителей корейского этноса Западной Сибири и Урала в постсоветский период, то есть в 1990-е — 2010-е гг., позволяет сделать некоторые заключения социально-политического, этнокультурного и иного характера. Несмотря на то, что на долю корейцев выпало не мало испытаний и они серьезно пострадали в период политических репрессий — в будущее они смотрели с энтузиазмом. Оказавшись в первых рядах российского демократического движения, 1990-е гг. корейцы предприняли попытки самоорганизации и самоидентификации общины на федеральном, региональных и локальных уровнях, что сопровождалось и хождением в большую политику (участие в выборах депутатов различных уровней, переход в сферу профессиональной политики, инициативы в негосударственной сфере и пр.).

Однако, в условиях новой России, в условиях резких демократических преобразований, нестабильности, внутриполитических и военных конфликтов пошел на спад и процесс организации и институциализации корейских общин в пределах бывшего СССР. Были приостановлены или заморожены программы реабилитации жертв политических репрессий, власть потеряла интерес к особым требованиям и предложениям корейских активистов (о геноциде корейского народа в СССР, о корейской национальной автономии и др.).

После прорывных инициатив конца 1980-х — начала 1990-х гг. в сфере налаживания двусторонних российско-южнокорейских отношений и новых проектов межкорейского диалога, поддерживаемых и развиваемых демократизируемой Россией, происходит откат активности по всем направлениям внутренней и внешней политики, в том числе и тем, которые были сфокусированы на корейской проблематике в формате двусторонних отношений и дел корейской общины. Довольно скоро стало ясно, что страна исхода корейских мигрантов (в таком качестве рассматривалась только Республика Корея) не намерена проводить в масовом порядке (по аналогии с Израилем или Германией) политику возвратной иммиграции, а ее стратегической линией будет умеренная поддержка соотечественников в странах их постоянного проживания и в интересах исторической родины. Такой подход открывал простор общественно-государственным инициативам обеих сторон (культурные, образовательные и научные обмены, активизация публичной дипломатии и межрегионального/межведомственного сотрудничества) не в ущерб двусторонним отношениям, и ограничивал настроения социального иждивенчества и массовой миграции в РК и третьи страны.

В целом, несмотря на поддержку федерального центра и южнокорейской стороны, местные (прежде всего периферийные) корейские общины оказались предоставлены сами себе. Региональные власти не препятствовали их регистрации и развитию международных и межрегиональных связей. Интерес же к ним вспыхивал лишь в моменты крупных исторических юбилеев вроде 140- и 150-летия начала переселения корейцев в Россию, или приезда делегаций, особенно редких в отдаленных краях и областях РФ. Соответственно, деятельность и работа каждой национально-культурной автономии, ассоциации или центра была адаптироваала к нуждам и возможностям местных корейских общин, наличию в их рядах креативных групп и личностей в плане бизнеса, организации, поддепржания национально-культурной идентичности.

Несмотря на то, что в каждой общине и организации был свой круг вопросов и путей их решения, в условиях Западной

Сибири и Урала корейцы не смогли преодолеть многолетнюю тенденцию социально-культурной ассимиляции, и, несмотря на то, что произошел сдвиг в их самоидентификации и возрос интерес к национально-культурной идентичности, исторической родине и ее отдельным атрибутам, включая кухню, обычаи, традиции и корейский язык, коммуникативные возможности и этнических корейцев, и всех тех, кто хотел бы его изучать, не возросли, как и не возрос интерес к корейской проблематике, истории и культуре в местных университетских сообществах. Этот «тупик» сохраняется, несмотря на интерес самой корейской стороны к изучению России и ее регионов, а также тамошних корейских сообществ, что выражается и в данном международном проекте.

Что же касается судьбы самих этих корейских сообществ, то одно из условно положительных последствий их жизни и деятельности — ставка на собственные силы и в целом более благоприятный социально-правовой климат, позволяющий строить планы на будущее, в том числе различные социально-культурные проекты и бизнес-инициативы с участием иностранных и российских партнеров. В ряде случаев (и в ряде регионов) произошла специализация активности российских корейцев (по сценарию бизнес-наука, бизнес-досуг и т. д.), на исходе второго десятилетия XXI в. в Сибири и на Урале завершается смена поколений лидерского состава и основных социально-профессиональных групп, хотя традиционно пользуются правом голоса те, кто стоял у истоков национально-культурных движений.

Следует подчеркнуть, что эти движения, как и подпитывающие их национальныве общины, ни разу не проявили себя, как оппозиционные власти и титульным или прочим этносам силы, что делает их консолидирующим элементом российского многонациональнг общества и побуждает изучать более чем полуторавековой опыт жизни в неблагоприятных социально-политичесих и хозяйственно-экономических условиях позднеимперского, советского и пост-советского времени, не теряя при этом оптимизма и демонстрируя беспрецедентные адаптационные качества, цена которым — ассимиляция и потеря национально-культурной идентичности. Но как раз климатические, производственно-экономические и бытовые сложности жизни в Сибири и на Урале, особая социально-культурная среда с ее толерантностью, провинциализмом и пространственной разобщенностью выступает вынужденным, но смягчающим «агрессию глобализации» препятствием, способствуя сохранению азиатскости Азиатской России, на данном историческом этапе совпадающей с государственно-политической стратегией «поворота на Восток». Однако тот же корейский опыт жизни в России и вообще в диаспоре показывает, что даже у безусловно азиатских наций и народов должны быть альтернативы развития и прогресса, сочетающие в себе самые различные ценности и средства достижения общественно-государственного и личного благополучия - «по-корейски — не в Корее», наоборот и в других сочетаниях идейного и практического опыта преимущественно евразийского наполнения, которым и характеризуются лучшие образцы корейскости дома и за рубежом.

В конце XIX – начале XX вв. Западная Сибирь и Урал, занимавшие огромное и еще малоосвоенное пространство Российской империи, оставались на периферии корейских потоков в Россию. Но мировые войны и внутриполитические катаклизмы в СССР и других странах положили начало основном стихийной и односторонней (из Азии в Европу и США) миграции, активными участниами котрой были и корейцы.

Кризис советской системы и последующий распад СССР спровоцировал новые миграционные настроения, но на этот раз их маршруты пролегали в основном из постсоветских государств Центральной Азии в Россию, хотя кризисные явления в экономике и внутриполитической жизни самой России также активизировали межрегиональную миграцию, включая ее корейские сегменты.

Внутрироссийская миграция корейцев мало затронула Сибирь и Урал, в ней участвовала наиболее динамичная и предприимчивая часть общины, ориентированная на столичные возможности либо благоприятные социально-бытовые и климатические условия юга России (Кубань и пр.), незначительно прибавилась и внешняя миграция корейцев из Узбекистана, Таджикистана и других пост-советсих республик Центральной Азии.

Наиболее благоприятные после России условия для корейцев сложились в Казахстане в силу многонациональности его населеия и острейшего демографического кризиса. На этом фоне Сибирь и Урал стали рассматриваться, как спокойные, но периферийные и мало перспективные для жизни и карьеры регионы, что усилило их маргинальность и периферийность, но сохранило для власти и общественности возможность широкомасштабных социально-демографических маневров и экспериментов, включая [вос]создание корейских или смешанных поселений, производственных единиц, организованного использования (экспорта) рабочей силы.

В целом благоприятный социально-политический контекст для жизни корейцев на западе Сибири и Урале нивелируется не только проблемным состоянием экономики, особенно в несырьевых и аграрных по профилю зонах (Алтайский край, Новосибирская область без областного центра и т. п.), но и недостатками культурно-информационного свойства, связанными, в свою очередь, со слабостью научного и даже пропагандистского сопровождения внутренней политики и внешних связей этих регионов.

В ходе проведенного исследования, был проведен опрос среди тех, кто проживает в рассматриваемых регионах (Ханты-Мансийском АО (г. Ханты-Мансийск, Сургут, Нягань, Радужный, Нефтеюганск), в Ямалоненецком АО (г. Ноябрьск, Надым), в г. Тюмень, Тобольск, Екатеринбург, Челябинск и Курган). Среди опрошенных, преобладали представители среднего поколения (Кисон) и молодежь или новое поколение (Синджин), что, на наш взгляд, не позволяет в полной мере отразить все этапы формирования национальной идентичности на данной территории. Однако, даже из того, небольшого количества данных можно сделать вывод о том, что на формирование идентичности корейцев на территории Западной Сибири и Урала оказали такие факторы как: место компактного проживания, сохранение традиций, отношение к исторической родине, исповедуемая религия и т.п., что, на наш взгляд, является общими для всей России.

Среди особенностей Северного региона, можно назвать отсутствие представителей старшего поколения (Сонбэ), то есть 1930-1950 года рождения, основная масса – это среднее (зрелое) поколение (Кисон) и молодежь или новое поколение (Синджин). При отсутствии старшего поколения (Сонбэ), появляется проблема сохранности национальной культуры, традиций и языка, так как семья выступает в качестве главного хранителя традиционных ценностей, передаваемых из поколения в поколение. Это можно было бы восполнить в национальных объединениях и организованных группах, однако в указанных городах Ханты-Мансийского и Ямалоненецкого автономного округов таковые отсутствуют, что говорит о низкой степени социально-экономической автономности и культурной самобытности общности в регионе. Организованные объединения этнических корейцев в городах, где проводился опрос, представлены в г. Тюмень (Корейский Центр ТюмГУ и Тюменская общественная организации корейцев «Единство»), в Екатеренбурге Екатеринбургская национально-культурная автономия корейцев, Екатеринбургское корейское культурно-просветительское общество «Мунхва») и Челябинске (Некоммерческое партнерство «Корейская диаспора «Ариран»). Следует отметить, что не все возможные респонденты пожелали отвечать на вопросы, было не мало тех, кто достаточно агрессивно отнесся к опросу, посчитав это излишним вмешательством в личную жизнь.

Перед респондентами был поставлен ряд вопросов,

ответы на которые позволили сделать следующие выводы:

1.   Подавляющее большинство опрошенных определяют себя как «кореец»/ «кореянка», при этом уровень знания культуры, языка и традиций у респондентов не высокий. И, несмотря на то, что в большинстве указанных городов есть языковые центры, где преподается корейский язык, среди учеников этих центров преобладают представители не корейской национальности (по данным г. Сургут, Ханты-Мансийск, Нефтеюганск, Надым).

2.   Своей Родиной более 80% респондентов считают Россию, оставшиеся определяют родиной Узбекистан и Казахстан (то есть страну рождения). Исторической Родиной большинство молодых людей определяют Корею (Корейский полуостров) в целом, не разделяя на Южную или Северную. На наш взгляд это связано с отсутствием знания истории своей семьи.

3.   Если говорить о занятости, то преобладающее большинство опрошенных (38%) заняты на частных предприятиях, 17% - работают в государственных учреждениях, 6% - индивидуальные предприниматели, остальные опрошенные учащиеся школ и вузов.

В выборе профессии среди опрошенных студентов сложно выявить какие-то особенности, какое-то направление. Среди опрошенных не мало тех, кто выбрал гуманитарные специальности (филология, история, регионоведение, международные отношения и др), и представителей технического и экономического направления (нефтегазовая промышленность, гражданское и промышленное строительство, природопользование, ГМУ и др.)

В целом, следует отметить, что данные полученные в результате первоначального опроса не позволяют сделать окончательные выводы по формированию идентичности у корейцев Западной Сибири и Урала в частности, и России в целом. Необходимо продолжать комплексное изучение корейской общности, но для выявления общих тенденций и закономерностей необходимо использовать единые правила опроса, единые опросные листы, задействовать национальные центры и социальные сети.

В процессе теоретического анализа материалов было выявлено, что в процессе личностного и социального самоопределения происходит оценка личностью самого себя, человек испытывает переживания, связанные с осознанием своих особенностей как личностных, так и социальных, происходит формирование системы самоотношения личности.

Этническая идентичность и самоотношение личности формируются в той человеческой общности, к которой принадлежит эта личность, в частности принадлежность к определенному этносу. Следовательно, на формирование идентичности большое влияние оказывают особенности этнической социализации - освоение индивидом духовных ценностей и опыта только того этноса, к которому он принадлежит.

В ходе эмпирического исследования были выявлены общие, этнопсихологические и возрастные особенности в проявленияхэтническойидентичности,сформировавшиеся под влиянием социальных, экономических и культурных факторов.

В проявлениях этнической идентичности доминирует позитивная идентичность, но при этом для представителей корейской общности характерна высокая потребность в этнической принадлежности.

Потребность в принадлежности к определенному этносу как устойчивой социальной группе может выступать своеобразным механизмом формирования и поддержания позитивного отношения к самому себе и к окружающему миру у молодежи. Для старшего поколения характерно более глубокое осознание своего личностного и социального «Я», высокая потребность в этнической принадлежности может приводить к снижению ценности своей личности.

К негативному отношению к своему этносу и к себе в подростковом возрасте может приводить размывание этнической идентичности или гиперидентичность, которая проявляется в негативном отношении к представителям других этносов.

В качестве перспективных направлений в развитии темы исследования мы видим исследование этнической идентичности и самоотношения у социально успешных взрослых представителей корейцев, изучение влияния этнической идентичности на систему самоотношения на начальном этапе ее формирования.

Изучение вопроса и результаты исследования позволяют нам сформулировать следующие рекомендации для исследователей, занимающихся проблемами этнического самосознания и взаимодействия разных этнических культур специалистов социальной сферы:

В процессе обучения детей корейскому языку и культуре необходимо делать акцент на значимости этих знаний для ребенка, поскольку формирование высокого уровня этнической идентичности возможно лишь тогда, когда полученные знания будут эмоционально осознанны и перейду в разряд личностно значимых.

2. Усилить работу национальных центров, которые будут формировать позитивную этническую среду для подрастающего поколения в условиях поликультурного пространства.

3. Способствовать развитию гармоничной этничности на этапе подросткового возраста, особенностями которого является формирование личностной и социальной

идентичности.

4. Необходимо поощрение русско-корейского билингвизма, формирование социолингвистической компетентности билингвов, развитие языковой толерантности в полиэтнической образовательной среде.

5. В местах компактного проживания ввести изучение языка и культуры в содержание образовательного процесса, что будет способствовать параллельному формированию гражданской и этнической идентичности.

6. Необходимо формировать позитивную этническую идентичность через изучение родной культуры, при этом очень важно соблюдать баланс между культурой современной и богатым национальным культурным наследием.

7. Изучение родной культуры не должно вестись обособленно, необходимо знакомить детей с многообразием культурного мира и по возможности способствовать межэтническому взаимодействию. Именно в непосредственном контакте представителей разных культур выделяются характерные отличительные особенности и подчеркивается уникальность своего этноса.

Приложение

Численность корейцев по Уральскому и Сибирскому федеральным округам

	Перепись		Указавшие владение языком Корейским
	2002	2010	
СССР	-	-	
Российская Федерация	148,556	153,156	42,384
Уральский федеральный округ	4,071	3,805	685
Курганская область		169	21
Свердловская область		1,195	273
Тюменская область		1,536	204
Ханты-Мансийский автономный округ - Югра		867	93
Ямало-Ненецкий автономный округ		266	45
Челябинская область		905	187
Сибирский федеральный округ	10,797	11,193	3,314
Республика Алтай		144	25
Республика Бурятия		486	344
Республика Тыва		162	54
Республика Хакасия		547	151
Алтайский край		1,214	246
Забайкальский край		256	48
Красноярский край		1,029	291
Иркутская область		1,342	590
Кемеровская область		908	163
Новосибирская область		3,193	1,045
Омская область		705	146
Томская область		1,207	211

[Приложение 2]

Всесоюзная перепись населения 1939 г.
Распределение городского и сельского населения регионов РСФСР по национальности и полу (корейцы)

		Численность								
		Все население			Городские поселения			Сельское население		
		М	Ж	Оба пола	М	Ж	Оба пола	М	Ж	Оба пола
	Всего граждан СССР	81,694,889	88,862,204	170,557,093						
	Корейцы в СССР	97,071	85,268	182,339						
	Корейцы в РСФСР			13,524						
1	Алтайский край	72	56	128	38	22	60	34	34	68
2	Архангельская область	89	11	100	28	5	33	61	6	67
3	Башкирская АССР	17	15	32	10	6	16	7	9	16
4	Бурят-Монгольская АССР	134	68	202	50	49	99	84	19	103
5	Волгоградская область	1,472	1,318	2,790	121	73	194	1,351	1,245	2,596
6	Вологодская область	12	5	17	9	4	13	3	1	4
7	Воронежская область	20	9	29	12	9	21	8	0	8
8	Дагестанская АССР	29	18	47	27	18	45	2	0	2
9	Хабаровский край, в т.ч. Еврейская автон. Обл.	2	1	3	2	1	3	0	0	0
10	Ивановская область	17	13	30	16	13	29	1	0	1
11	Иркутская область	425	198	623	202	134	336	223	64	287
12	Калмыцкая АССР	4	2	6	1	0	1	3	2	5
13	Карельская АССР	16	4	20	3	4	7	13	0	13
14	Кировская область	62	3	65	13	2	15	49	1	50
15	Коми АССР	28	11	39	5	5	10	23	6	29
16	Коми печорский округ	3	4	7	3	4	7	0	0	0
17	Молотовская (Пермская), в т.ч. Коми-Пермяцкий нац. окр.	17	5	22	11	5	16	6	0	6
18	Краснодарский край	99	118	217	31	17	48	68	101	169
19	Адыгейская авт.обл.	6	3	9	3	3	6	3	0	3
20	Красноярский край	574	235	809	402	174	576	172	61	233
21	Таймырский нац.округ	68	0	68	63	0	63	5	0	5
22	Хакасская авт.обл.	130	141	271	105	126	231	25	15	40
23	Крымская АССР	51	66	117	39	51	90	12	15	27

24	Курская область	19	12	31	15	9	24	4	3	7
25	Ленинград	145	50	195	145	50	195	0	0	0
26	Ленинградская область	157	56	213	148	54	202	9	2	11
27	Марийская АССР	4	1	5	1	0	1	3	1	4
28	Мордовская АССР	8	1	9	2	0	2	6	1	7
29	Москва	284	156	440	284	156	440	0	0	0
30	Московская область	384	243	627	349	201	550	35	42	77
31	Мурманская область	12	5	17	12	5	17	0	0	0
32	АССР немцев Поволжья	147	9	156	3	0	3	144	9	153
33	Архангельская, в т.ч. Ненецкий нац.окр.	43	0	43	61	6	67	40	0	40
34	Горьковская (Нижегородская) область	27	12	39	10	9	19	17	3	20
35	Хабаровский край, в т.ч. Нижне-Амурская область	3	3	6	3	3	6	0	0	0
36	Новосибирская область	200	139	339	127	91	218	73	48	121
37	Алтайский край, в т.ч. Ойротская авт.обл.	20	9	29						
38	Омская область	145	91	236	93	53	146	52	38	90
39	Омская обл., в т.ч. Тарский округ	9	8	17	2	1	3	7	7	14
40	Омская обл.,в т.ч. Ямало-Ненецкий окр.	6	1	7	5	1	6	1	0	1
41	Омская обл., в т.ч. Тобольский округ	2	2	4	1	2	3	1	0	1
42	Омская обл., в т.ч. Ханты-Мансийский нац.окр.	6	2	8	1	1	2	5	1	6
43	Оренбургская область	49	36	85	24	18	42	25	18	43
44	Орловская область	16	8	24	12	8	20	4	0	4
45	Пензенская область	6	3	9	9	3	12	3	0	3
46	Пермская область	341	27	368	148	13	161	193	14	207
47	Приморский край	32	32	64	17	22	39	15	10	25
48	Приморский край, в т.ч. Уссурийская область	20	11	31	9	6	15	11	5	16
49	Ростовская область	47	38	85	35	33	68	12	5	17
50	Рязанская область	4	3	7	2	2	4	2	1	3
51	Куйбышевская (Самарская) область	101	38	139	85	33	118	16	5	21
52	Саратовская область	61	30	91	56	19	75	5	11	16

53	Сахалинская область	7	2	9	5	1	6	2	1	3
54	Свердловская область	62	46	108	34	25	59	28	21	49
55	Северо-Осетинская АССР	26	13	39	16	7	23	10	6	16
56	Смоленская область	5	5	10	1	4	5	4	1	5
57	Ставропольский край, в т.ч. Карачаевская авт. обл.	1	1	2	1	0	1	0	1	1
58	Ставропольский край	65	43	108	10	3	13	55	40	95
59	Тамбовская область	12	8	20	9	4	13	3	4	7
60	Татарская АССР	54	18	72	53	18	71	1	0	1
61	Тверская область	7	1	8	2	0	2	5	1	6
62	Омская обл., в т.ч. Тобольский округ	2	2	4	2	2	4	0	0	0
63	Тульская область	10	7	17	5	5	10	5	2	7
64	Удмуртская АССР	9	2	11	5	1	6	4	1	5
65	Иркутская обл., в т.ч. Усть-Ордынский нац. окр.	23	9	32	23	9	32	0	0	0
66	Хабаровский край	132	50	182	34	27	61	98	23	121
67	Хабаровский край, в т.ч. Камчатская область	8	2	10	3	0	3	5	2	7
68	Хабаровский край, в т.ч. Корякский нац.округ	4	2	6	0	0	0	0	0	0
69	Хабаровский край, в т.ч. Амурская обл.	5	16	21	3	6	9	2	10	12
70	Челябинская обл.	192	99	291	60	19	79	132	80	212
71	Чечено-Ингушская АССР	36	37	73	35	37	72	1	0	1
72	Читинская обл., в т.ч. Агинский нац.окр.	3	0	3	0	0	0	3	0	3
73	Читинская обл.	589	355	944	343	226	569	246	129	375
74	Чувашская АССР	0	1	1	0	1	1	0	0	0
75	Камчатская обл., в т.ч. Чукотский нац.окр.	2	0	2	1	0	1	1	0	1
76	Якутская АССР	1,184	487	1,671	583	308	891	601	179	780
77	Якутская АССР, в т.ч. Алданский округ	530	288	818	423	231	654	107	57	164
78	Ярославская обл.	59	30	89	16	20	36	43	10	53
	Всего в РСФСР	8,670	4,854	13,524	4,490	2,492	6,982	4,180	2,362	6,542

Список использованных источников и литературы

Аркадий Тян : ист.-краевед. сб. Вып. 2 / Учреждение культуры Ханты-Манс. авт. окр. – Югры «Музей геологии, нефти и газа» ; [ред.-сост. Л. В. Цареградская]. Сургут : Тип., 2004. 69 с.

Бойко В.С. Корейцы на Алтае... особенности хозяйственной жизни и социального устройства общины.// [Электронный ресурс] URL: https://koryo-saram.ru/korejtsy-na-altae-osobennosti-hozyajstvennoj-zhizni-i-sotsial-nogo-ustrojstva-obshhiny [Дата обращения 25.06.2020]

Бойко.В.С. Корейцы в Ойротии // Корейцы — жертвы политических репрессий в СССР (1934-1938). Кн. 7. Москва, 2006

Бугай Н. Ф. Российские корейцы: новый поворот истории. 90-е годы. М., 2000.

Бугай Н.Ф. Общественно-политическая деятельность корейцев России и политическая культура// Белые пятна российской и мировой истории. 2014. № 1-2. С. 26-55.

Бугай Н.Ф. Российские корейцы и политика «Солнечного тепла» М., 2002.

Бугай Н.Ф. Социальная натурализация и этническая мобилизация (Опыт корейцев России) / под ред. М.Н.Губогло. М.: ЦИМО, 1998. С. 186.

Волкова Т. В. Российские Корейцы: К Вопросу о Самоидентификации К 140-летию переселения корейцев в Россию [Электронный ресурс] URL: http://mognovse.ru/sjh-rossijskie-korejci-k-voprosu-o-samoidentifikacii.html Дата обращения 17.10.2017 .

Городенцева Е. «Иероглиф одиночества» Александра Пака// [Электронный ресурс] URL: http://brl.mk.ru/articles/2015/04/01/

ieroglif-odinochestva-aleksandra-paka.html Дата обращения 11.12.2018 г.

Джарылгасинова Р.Ш. Пак Михаил Николаевич. Творческая Би ография. [Электронный ресурс] URL: http://icfks-publishing.narod.ru/workers/Pak_M_N.htm Дата обращения 16.10.2017.

Фаттахова Е.Н. Некоторые аспекты истории корейской диаспор ы на Севере России (на примере Тюменской области, Хан ты-Мансийского и Ямало-Ненецкого автономных округо в)// Известия корееведения в Центральной Азии. Материа лы IV Международной конференции, Выпуск 18, Алматы, 2011. С.156-165

Закон Верховного Совета РСФСР за No 1107-1 «О реабилитации р епрессированных народов»// Бугай Н.Ф. Социальная нату рализация и этническая мобилизация (Опыт корейцев Ро ссии) / под ред. М.Н. Губогло. М.: ЦИМО, 1998. −С 189-192

Илларионова Т.С. Этническая группа: генезис и проблема само идентификации (теория диаспоры). М., 1994. С. 67.

История медицины. Пак Игорь Владимирович [Электронный ре сурс] URL: https://история.авра.рф/index.php/ПАК_Игорь_Владимирович Дата обращения 22.11.2019 г.

Ким А.А. Ким Анатолий Индекович − эпоха и легенда геологии. − Салехард: ГУ «Северное издательство», 2019. − 144 с

Ким Г.Н, Хан В. Актуальные проблемы корейской диаспоры // Д иаспоры. М., 2001. № 2-3. С. 191

Ким Е.В. Корейцы сибири: этносоциальные, этнополитические процессы XX−XXI вв. Дисс. на соискание ученой степени кандидата исторических наук. Томск. - 2015 С. 48

Ким Ен Ун. Из жизни международной конфедерации корейских ассоциаций // Актуальные проблемы российского восток оведения. Москва, 1994. С. 154.

Ким, Е. В. Корейцы Сибири: этносоциальные и этнополитическ ие процессы в XX−XXI веках Федер. агентство науч. орган изаций, Ин-т археологии и этнографии СО РАН. Новосиб ирск: Изд-во ИАЭТ СО РАН, 2015.

Ковальчук Ю. С. Корейский протестантизм и особенности его м

иссионерских практик в азиатской части Российской Фед ерации в конце XX - начале XXI вв.: по материалам этнок онфессиональных исследований автореферат диссертаци и на соискание степени кандидата исторических наук по ВАК РФ 07.00.07. Новосибирск , 2006.

КОРЕ САРАМ к 150-летию переселения корейцев в Россию. М., 2014.

Корейцы — Ветераны Великой Отечественной Войны [Электрон ный ресурс] URL: http://www.arirang.ru/veterans/park_ ii.htm Дата обращения 20.11.2019 г.

Кочнев, Д. Именами первопроходцев // Югра: дороги в будущее. 2005. № 3/4. С. 64

Лебедев А. Русские корейцы. [Электронный ресурс] URL: http:// www.stoletie.ru/geopolitika/russkije_korejcy_2011-07-06.htm Дата обращения: 15.10.2017.

Левкович В.П., Мин Л.В. Особенности сохранения этнического с амосознания корейских переселенцев Казахстана //Психо логический журнал. 1996, Т.17. №6. С. 72-81

Ли В.Б. Корейцы в Западной Сибири// Корейцы в Тюменском кр ае. Сб.материалов научной конференции посвященной 140-летию переселения корейцев в Россию и 75-летию Тю менского государственного университета. Тюмень, 2005.

Ли В.Д. О томичах -корейцах: Воспоминания, факты, события. Т омск: ТТ, 2006.

Лукьянова Е.О. Кто они, молодые корейцы Томска? (Символичес кое пространство корейского молодежного центра «Анен ») //Вестник Томского государственного университета. Ис тория. 2015. № 5. С. 141

Лурье С.В. Историческая этнология. М.: Аспект Пресс, 1997. 448с.

Лущай, Л. В. Лучшего человека я не встречала / Л. Лущай // Север ное созвездие / Л. Лущай. Ханты-Мансийск, 2005. С. 80–83

Любимое дело Дмитрия Кима: [беседа с зав. каф. органической химии ЮУрГУ Кимом Д.Г. / подготовил И. Загребин] // Те хнополис. −2013. −22 фев. (No 3). −С. 5

Пак М.Н. Корейцы в Российской империи. Издательство: Между народный центр корееведения МГУ, Иркутский государст венный педагогический институт. Иркутск, 1994.

Малчевский А.В. Миграция в Тюменской области в контексте пр облем прошлого и современности// Корейцы в Тюменско м крае. Сб.материалов научной конференции посвященно й 140-летию переселения корейцев в Россию и 75-летию Т юменского государственного университета. Тюмень, 2005.

Москвин И. Ю. Этнокультурное развитие корейского этноса в Ур альском регионе на современном этапе //Коре сарам в Ура ло-Казахстанском регионе. Сборник материалов межреги онального круглого стола, посвященного 150-летию добро вольного переселения корейцев в Россию. Оренбург, 2014.

Новосибирск многонациональный. Народы и религии (Информ ационный справочник) / под ред. А.А.Бадмаева и И.В. Ок тябрьской. – Новосибирск: Арт Инфо Дата, 2002.

Пак Б.Д., Бугай Н.Ф. 140 лет в России. Очерк истории российски х корейцев. М.: Институт востоковедения РАН, 2004. 334с.

Пак М.Н. Корейцы в Российской империи. Издательство: Между народный центр корееведения МГУ, Иркутский государст венный педагогический институт. Иркутск, 1994.

Савина, В. Геолог от бога // Самарово – Ханты-Мансийск. 2004. 20 авг. С. 8

Сербина, О. История одного имени // МК – Югра. 2015. 29 апр. (№ 18). С. 15;

Сон Ж.Г. Формирование нового менталитета русскоязычных кор ейцев (1990–2014) // Сб. материалов международной науч но-практической конференции Русскоязычные корейцы с тран СНГ: общественно-географический синтез за 150 ле т. Национально-культурная автономия корейцев Новосиб ирской области. Новосибирский государственный техни ческий университет. Новосибирск, 2014

Фаттахова Е. Н. Основные направления деятельности корейских общественных организаций на территории России в XX в еке.//ГРАНИ 2002: Ежегодник ежегодник факультета исто рии, социологии и международных отношений. Краснод ар, - 2002. С.188-195.

Фаттахова Е.Н. Корейские диаспоры в России и США: история, а даптация и интеграция (конец XIX-XX в.) специальность 07.00.03 - всеобщая история (новая и новейшая история) Дисс. на соискание уч. степени к.и.н., Краснодар 2004

Хан В.С. Корейское международное сообщество: Утопия или пер
спектива? Известия корееведения в Центральной Азии .
2005 , №1 – 2 (10) . С. 188-197.

Цой Е.Б., Гущина А.М., Хван А.Н. Россия – Корея: Диалог культу
р. Новосибирск: Издательство Новосибирского государст
венного технического университета, 2005. 187 с.

Периодическая печать

«Российские корейцы» (общероссийская газета) [Электронный р
есурс] URL: www.korea.nm.ru

«Сеульский вестник» (корейская газета на русском языке, Сеул)
[Электронный ресурс] URL: www.vestnik.lripod.com

Internet ресурсы

Википедия. Свободная информация. [Электронный ресурс] URL:
https://ru.wikipedia.org

Государственный архив Югры. [Электронный ресурс] URL: http://
www.gahmao.ru/

Известные ученые [Электронный ресурс] URL: https://famous-
scientists.ru/

Историческая энциклопедия Сибири. – URL: http://sibhistory.edu54.ru/

Консультант Плюс. Надежная правовая защита [Электронный ре
сурс] URL: www.consultant.ru

Мемориальный музей «Следственная тюрьма НКВД» [Электрон
ный ресурс] URL: https://nkvd.tomsk.ru

Новосибирская книга памяти [Электронный ресурс] URL: http://
sibmemorial.ru/

Общероссийское объединение корейцев (ООК) [Электронный ре
сурс] URL: https://www.ook-media.ru/

Официальный сайт Алтайского края [Электронный ресурс] URL:
https://www.altairegion22.ru/

«Открытый список» — самая полная база данных жертв политич

еских репрессий в СССР (1917—1991 гг.), [Электронный ре
сурс] URL: https://ru.openlist.wiki/

Президент России. Официальный сайт. [Электронный ресурс]
URL: http://kremlin.ru/news/

Региональная национально-культурная автономия корейцев в Т
омской области [Электронный ресурс] URL: https://admin.
tomsk.ru/pgs/9uf

Сайт Алтайского государственного технического университета
им. И.И. Ползунова [Электронный ресурс] URL: https://
www.altstu.ru

Сайт Ариран [Электронный ресурс] URL:www.arirang.ru/right.htm

Сайт Института демографии Национального исследовательског
о университета «Высшая школа экономики». [Электронн
ый ресурс]. URL: http://demoscope.ru/

Сайт Корё-сарам. Записи о корейцах [Электронный ресурс] URL:
https://koryo-saram.ru/category/koryo-saram/

Сайт Новосибирского государственного университета [Электро
нный ресурс] URL: http://www.nstu.ru/

Сайт Общественной Организацией НКАКНО [Электронный ресу
рс] URL: https://nkakno.ru/

Сайт Челябинского государственного университета [Электронн
ый ресурс] URL: https://www.csu.ru

Сайт Югорского государственного университета [Электронный
ресурс] URL: https://www.ugrasu.ru

Свободная энциклопедия Урала [Электронный ресурс] URL:
http://энциклопедия-урала.рф/index.php/Свободная_энцик
лопедия_Урала

Социальная сеть Вконтакте [Электронный ресурс] URL: https://vk.com/

Социальная сеть Одноклассники [Электронный ресурс] URL: https://ok.ru/

Социальная сеть Facebook [Электронный ресурс] URL: https://
www.facebook.com/

Социальная сеть Instagram [Электронный ресурс] URL: https://
www.instagram.com/

Энциклопедия Известные ученые. [Электронный ресурс] URL:
https://famous-scientists.ru/